Alois Müller
Gestaltpädagogik in Religionsunterricht und Gemeinde

Glauben erfahren mit Hand, Kopf und Herz

Band 6

Herausgegeben von Klaus Schilling

Alois Müller

Gestaltpädagogik in Religionsunterricht und Gemeinde

Verlag Katholisches Bibelwerk GmbH
Stuttgart

Die Deutsche Bibliothek – CIP-Einheitsaufnahme

Müller, Alois:
Gestaltpädagogik in Religionsunterricht und Gemeinde /
Alois Müller. - Stuttgart : Verl. Kath. Bibelwerk, 1998
    (Glauben erfahren mit Hand, Kopf und Herz)
    ISBN 3-460-11120-8

Für die Texte der Einheitsübersetzung der Heiligen Schrift
© Katholische Bibelanstalt, Stuttgart 1980

© 1998 Verlag Katholisches Bibelwerk GmbH, Stuttgart
Umschlagabbildung: Kinderzeichnung nach dem Motiv „Sturm auf dem See"
von Sieger Köder
Gesamtherstellung: J. F. Steinkopf Druck GmbH, Stuttgart

Inhaltsverzeichnis

Vorwort

LehrerInnen klagen vielfach darüber, daß der Unterricht unter den gegebenen Voraussetzungen vor allem mit diesen SchülerInnen schwierig geworden ist. Schwierigkeiten bereiten die äußeren Rahmenbedingungen (größer werdende Klassen, Überalterung der Kollegien, u. a.) und die Situation der Kinder und Jugendlichen. Es wird von einer defizitären Situation unserer Kinder gesprochen (vgl. Abb. 2, S. 20). Ich unterrichte zur Zeit in einer 8. Realschulklasse mit 28 SchülerInnen. Mehrere SchülerInnen zeigen Verhaltensweisen, die als ‚verhaltensauffällig' etikettiert werden. Hier stellt sich die Frage, ob Schule nicht mit schulfremden Erziehungsaufgaben überlastet ist und wird. Kann Schule eine erzieherischer Reparaturbetrieb sein? Und selbst in Klassen, die weniger Schwierigkeiten bereiten, finden Sie als ReligionslehrerIn Unlustäußerungen und Ablehnung. Steht der Religionsunterricht nach Meinungsumfrage unter SchülerInnen (D. Zink, Religionsunterricht im ökosozialen Kontext Jugendlicher, in: KatBl 3/92) tatsächlich am Ende der Beliebtheitsskala? Dieselben SchülerInnen fordern ein Fach Menschlichkeitslehre mit Themen wie Sexualität, Konflikte, Umweltschutz, Drogen, u. a. Da bleibt zu fragen: Welchen Religionsunterricht erleben diese Jugendlichen?

Mit den vorliegenden Erfahrungsberichten gestaltpädagogisch orientierter Unterrichtspraxis möchte ich den Blick weglenken vom ‚Defizitären' hin zu dem, was SchülerInnen bei aller Veränderungen unserer Gesellschaft mit in die Schule bringen. Wo kann ich als LehrerIn so ansetzen, daß der Unterricht nicht nur Wissensvermittlung bleibt, sondern durch ganzheitliches Lernen ein Miteinander wird.

Die einzelnen Kapitel sind primär praxisorientiert, dabei kann eine Theorie der Gestaltpädagogik nicht zusammenhängend dargestellt werden, sie wird in den einzelnen Kapiteln den Praxiserfahrungen zugeordnet. Es ist empfehlenswert, wenn Sie mit dem ersten Kapitel „Der Wald ist nicht gesund" beginnen; hier ist der gestaltpädagogische Ansatz für die praktische Konkretion grundsätzlicher dargestellt als in den anderen Kapiteln. Selbstverständlich können Sie auch in jedes andere Kapitel zuerst einsteigen.

Grundsätzlich ist vorab zu erwähnen, daß gestaltpädagogisches Arbeiten nicht primär auf einer umfangreichen Methodenvielfalt basiert, sondern zuallererst auf einer personenzentrierten Grundhaltung des Lehrenden bzw. Erziehenden. Diese Haltung kann im gestaltpädagogischen Selbsterfahrungstraining gewonnen werden.

Mir ist bewußt, daß die vorliegende Auseinandersetzung mit gestaltpädagogischer Arbeit in der Schule und in der Gemeindekatechese viele Fragen anschneiden, die in der Kürze der Erfahrungsberichte nicht beantwortet werden können. Mein Anliegen ist es in erster Linie, Ihnen Mut zu machen, neue Wege mit den Kindern und Jugendlichen in der schulischen Erziehung und in der Gemeindekatechese zu gehen – Wege, die den Alltag durchkreuzen und zu Veränderung führen und neuen Lebensraum eröffnen.

Die hier vorgestellte gestaltpädagogische Konzeption ist zum Teil auch in einem Seminar für Erwachsene, die in ihren Gemeinden als FirmbegleiterInnen tätig waren, erprobt. Dabei hat sich gezeigt, daß diese gestaltpädagogische Erwachsenenkatechese im Vergleich zu einer herkömmlichen Arbeit mit Erwachsenen vertiefte, lebensgeschichtlich orientierte Glaubensgespräche ermöglichte.

Was ist Gestaltpädagogik?

Heute arbeite ich auf intensives Drängen mit meinem Sohn Claudius auf eine Grammatikarbeit im Fach Deutsch, die morgen ansteht.
Bestimme Kasus, Genus und Numerus folgender Substantive!
Der Junge brachte ein schönes Auto.
Bestimme die Wortarten in diesem Satz!
Bestimme Kasus, Genus und Numerus!
die Katze
der Vogel
des Hundes
der Freunde
den Kindern

Claudius bemüht sich intensiv, seine Kenntnisse anzuwenden.
Zwischen den Fragen erzählt er mir von seiner Freizeit. Regelmäßig besucht er einen Bauernhof.
Warum darf das neugeborene Kalb nicht bei seiner Mama bleiben?
Warum muß es alleine aus einem Eimer trinken? Die Jungtiere dürfen immer raus, wenn sie es wollen. Die Tür ist immer offen.
Und die Biologiearbeit von letzter Woche konfrontierte ihn überraschend mit dem Land, in dem der Mann wohnte, der die Vorform des Mikroskopes entwickelte. Und er hatte so intensiv mit mir (als Biologielehrer) zusammen die Merkmale des Lebendigen und den Bau der Zelle gelernt.
Ich erinnere mich an Melanie. Als Schülerin der 5. Klasse kommt sie nach Hause und verkündet sichtlich erregt am Mittagstisch:
Papa, ich bekomme ganz bestimmt eine sechs in Erdkunde. Warum das? Der Erdkundelehrer hat uns erklärt, wie er die Noten macht (schriftliche Leistung, mündliche Leistung, Heftführung, usw.). Ich kann rechnen, wie ich will, es kommt immer eine sechs heraus. Wenige Tage später kommt sie mit der Hausaufgabe nicht klar. *Papa schau mal – eine Karte ein-norden! Wie soll das gehen? Ich verstehe das Buch nicht.* Nachdem ich den doppelseitigen Text im Erdkundebuch zum zweiten Mal gelesen hatte, war mir klar, daß Melanie nichts damit anfangen konnte. Auf die Frage, was ein Kompaß sei, schaute sie mich groß an.
Daß Sie mich nicht mißverstehen – selbstverständlich brauchen unsere SchülerInnen Wissen und Bildung. Aber was ist Bildung, was ist schulische Erziehung (vgl. auch Kap. 11)?

> Bevor Sie weiterlesen, nehmen Sie sich doch die Zeit, darüber nachzudenken,
> – welche Erfahrungen Sie selbst mit dem Lernen in den einzelnen Fächern in Ihrer Schulzeit gemacht haben. Welche Fächer und LehrerInnen fallen Ihnen spontan ein? Was ist Ihnen noch in Erinnerung von dem Gelernten?
> – welche SchülerInnen in Ihren Klassen heute sich schwer tun mit dem Lernen. Was wissen Sie über die persönliche Lebenssituation dieser Kinder und Jugendlichen? Wie kommt ihre Lebensgeschichte im Unterricht vor?

Vielleicht erinnern Sie sich durch folgende Beispiele angeregt an Situationen in Ihrer Schulzeit, wo Sie sich besonders gut verstanden und geborgen fühlten. Sind es nicht Situationen, Erzählungen, Bibeltexte und Gespräche, in denen Ihre Sorgen und Nöte aufgehoben waren? Zuwendungen und Zusagen, die unmißverständlich zum Ausdruck brachten: Es ist gut mit dir. Ich verstehe dich. Du bist nicht allein. Manchmal tut es schon gut, das Ungute aussprechen zu dürfen, einen geschützten Raum dafür geboten zu bekommen. Da ist jemand, der zuhören kann und will, der das Gehörte nicht an die große Glocke hängt oder sofort passende Ratschläge erteilt.

> Bevor Sie weiterlesen, nehmen Sie sich doch die Zeit, darüber nachzudenken,
> – wann Sie sich in Ihrer Schulzeit besonders verstanden fühlten. Welche Situationen fallen Ihnen ein?
> – welche LehrerInnen es waren, die Ihnen mit Einfühlungsvermögen begegnet sind. Was haben sie gesagt oder getan, damit Sie sich angenommen fühlten?

Viele – vielleicht alle – der Unterrichtsthemen im Religionsunterricht eröffnen die Möglichkeit lebensgeschichtlich orientiert zu unterrichten.
(1) Innerhalb der Unterrichtseinheit „Lebenswert? Lebenswert!" haben wir uns mit den Fragen einer Suizidgefährdung auseinandergesetzt. Nach einer Bildbetrachtung schreibt Christian folgendes:
Der Streit und die Beziehungsprobleme meiner Eltern haben mich ganz verrückt und seelisch kaputt gemacht. Ich komme einfach nicht klar, daß sie so um das Erziehungsrecht kämpfen und mich total unter Druck setzen. Immer vor dem Gericht aussagen, wie das Verhältnis zur Mutter und zum Vater war und ist. Wenn sie sich nur zufällig treffen, beschimpfen sie sich gegenseitig und überhäufen sich mit Vorwürfen und Vorurteilen. Ich halte diesen Streß und diesen

Druck nicht mehr aus. Ich weiß nicht, was ich noch mit meinem Leben anfangen soll. Ich kann mich auf nichts anderes mehr konzentrieren. Ich mache Schluß mit meinem Leben, ich will mir diesen Druck und diese Probleme nicht weiter antun. Ich will nicht zu einem Elternteil – entweder beide oder niemand.

Christian, 16 Jahre

(2) Markus, dessen Eltern sich getrennt haben, lebt mit seinen Geschwistern bei seinen Großeltern. Er schreibt nach einer Imaginationsübung:

Lieber Gott!
Es ist gut, daß ich weiß, daß du immer bei mir bist.
Es ist gut, daß ich weiß, daß ich nie alleine bin.
Es ist gut, daß ich weiß, daß ich mich immer an dich wenden kann.
Es ist gut, daß ich weiß, daß du mir zuhörst.
Es ist gut, daß ich weiß, daß du mich so akzeptierst, wie ich bin.
Es ist gut, daß ich weiß, daß du mich verstehst.
Es ist gut, daß ich weiß, daß es dich gibt.

Markus, 16 Jahre

(3) Und Bernd zählt alles scheinbar lapidar auf:
– *17 Jahre alt*
– *wohnt mit seinem Vater zusammen (Eltern getrennt und total zerstritten)*
– *Vater: neue Freundin = blöde Sau*
– *Mutter: neuer Mann = noch blödere Sau*
– *Streß in der Schule*
– *sonstige Verpflichtungen (Schülersprecher, Theater, usw.)*
– *Streß zu Hause*
– *kein Geld fürs Mofa*
– *Krise in der Liebesbeziehung*
– *wenig Freunde, die ihn halten*
– *Mutter will ihn nur noch alle zwei Wochen sehen oder teilweise gar nicht.*
– *Probleme mit Drogen*

Bernd bespricht seine Situation mit Gott:
Gott im Himmel!
Es gab schon oft Situationen, in denen ich Freunde und Verwandte hätte brauchen können. Ich bin meiner Meinung nach in solchen Situationen oft allein gelassen worden. Deshalb versuche ich jetzt alles anders zu machen, wenn Freunde mich brauchen. Herr, du

13

gabst mir in diesen Situationen Kraft und Unterstützung, die mir über diese Zeiten hinweggeholfen haben. Die Zeiten waren sehr schlimm und ich verfluchte dich. Warum hast du zugelassen, daß Beate gestorben ist? Ich habe sie geliebt. Aber es geht ihr jetzt bestimmt besser als zuvor.

Paß auf mich auf! ... und auf alle, die ich gern habe!

Bernd, 17 Jahre

(4) Ella zeichnet und beschriftet die Straßenkarte ihres Lebens (Klasse 7)

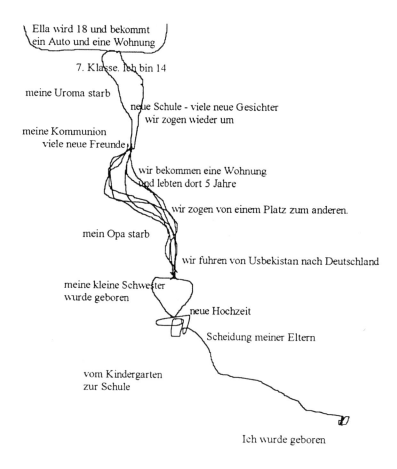

Straßenkarte meines Lebens

Was ist nun eigentlich Gestaltpädagogik? Das ist in wenigen Sätzen nicht einfach zu sagen. Gestaltpädagogik ist eine Art Reformpädagogik. Die aus der Gestaltarbeit (Gestaltpsychologie, Gestalttherapie) abgeleitete Gestaltpädagogik gehört zur Richtung der Humanistischen Psychologie.[1] Gestalt und Ganzheit sind Synonyme, sie meinen im wesentlichen das gleiche: Einzelne Elemente bilden eine Gestalt, ein sinnvoll organisiertes Ganzes.

Von der altdeutschen Sprachwurzel „ge-stellt" kommend meint der Begriff jemanden oder etwas, was da steht, also eine Person oder eine Sache (Objekt, Phänomen), die mir so gegenübertritt, wie sie ist – einmalig in seiner „Gestalt". Die Gestaltpädagogik will also jeden einzelnen Schüler in seiner Einmaligkeit wahrnehmen. „Es ist nicht leicht, unter der Vielzahl der Schüler, die uns im Lauf der Jahre begegnen, jedes Gesicht in seiner Unauswechselbarkeit zu würdigen – doch gerade das wollen wir in gestaltpädagogischen Schulungen lernen.[2]

Die Redewendung „etwas nimmt Gestalt an" zeigt, daß es um die Verwirklichung von Wirklichkeiten geht. Dem Gestaltgedanken liegt die Idee der Homöostase zugrunde, d. h. jeder Mensch hat den Wunsch, Gleichgewicht herzustellen. Die Gestaltpädagogik will die im Menschen innewohnenden Kräfte freisetzen, so daß er selbstwirksam seine „unerledigten Geschäfte" angeht, um offene Gestalten zu schließen. Die Gestaltpädagogik will Bewußtheit[3] fördern und zu Übernahme von Verantwortung für sich selber (Selbstwirksamkeit/Selbstorganisation) motivieren. Sie geht von einem ganzheitlichen Menschenbild aus und will die verschiedenen Bereiche (denken, fühlen, handeln) im Unterricht integrieren

Die vorliegende Arbeit orientiert sich an der gestaltpädagogischen Richtung Albert Höfers. Diese Integrative Gestaltpädagogik greift auf Erkenntnisse und Methoden verschiedener Ansätze zurück (etwa Psychoanalyse, Transaktionsanalyse, Kommunikationspsychologie, Themenzentrierte Interaktion (TZI) und Neurolinguistisches Programmieren (NLP) und orientiert sich am christlichen Menschenbild.

Gestaltpädagogisch in der Schule leben und handeln ist weniger primär die Anwendung ganzheitlicher, schülerorientierter Methoden im Sinne eines abwechslungsreichen betont inhaltsorientierten Unterrichts als vielmehr ein intensives Bemühen um Beziehung, das aus der personenzentrierten Haltung der Lehrerinnen und Lehrer erwächst. Dieses Bemühen um Begegnung und Beziehung hat eine umfassende Persönlichkeitsentwicklung der Kinder und Jugendlichen zum Ziel.

Gestaltpädagogik ist das Bestreben, pädagogisches Sehen und Handeln zu verbessern durch die Einbeziehung von Erfahrungen der Psychotherapie und besonders der Gestalttherapie. Durch Selbsterfahrung geschulte PädagogInnen versuchen, sich den erzieherischen Aufgaben vorbehaltlos zu stellen. Das besondere Augenmerk liegt dabei auf der Beziehungsdimension und deren Bedeutung für die Lernprozesse in der Schule und im weiteren Umfeld der SchülerInnen. Die mehrjährige personenzentrierte Ausbildung eröffnet für die gestaltpädagogisch geschulten LehrerInnen besondere Ausgangsbedingungen für das Erkennen und Reflektieren von Störungen. Damit entstehen im Unterricht Möglichkeiten zur Förderung heilender Prozesse. Inzwischen gibt es verschiedene Konzepte von Gestaltpädagogik. A. Höfer's Konzept steht im christlichen Kontext. Beispiele und Leitbilder menschlichen Lebens und Lernens sind Gestalten der Bibel. An ihnen wird menschliches Leben, Glück und Scheitern, anschaulich und durch Transformationsprozesse ins Heute des lernenden und sich verändernden Menschen übersetzt.

Die Persönlichkeit des/r LehrerIn ist von entscheidender Bedeutung für die Lernbereitschaft und die sittliche und religiöse Entwicklung der SchülerInnen.

„Der Prozeß der dialogischen, personenzentrierten Kompetenzförderung unter Verwendung kreativer Methoden und Prinzipien, in dem der Lehrer die Rolle eines wachen Begleiters einnimmt, beschreibt den Kern, der die spezifische Originalität der Gestaltpädagogik ausmacht.[4]

Was meint Lernen im gestaltpädagogischen Verständnis?

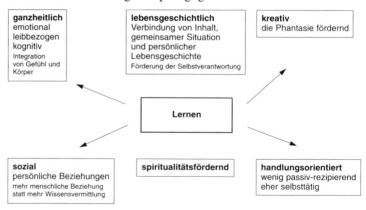

Abb. 1 : Lernen

Eine Übersicht über schülerorientierte und erfahrungsbezogene Methoden finden Sie S. 54.

H. Grausgruber[5] nennt folgende zentrale handlungsleitende Prinzipien der Gestaltpädagogik:

1. Das Prinzip der Personenzentrierung
2. Das Prinzip der Konzentration auf den Kontakt und der Frage nach dessen Verbesserung
3. Das Hier-und-Jetzt-Prinzip lenkt die Aufmerksamkeit auf die aktuellen Wirkfaktoren einer Kernsituation.
4. Das Prinzip der Bewußtheit: das sensible Wahrnehmen der eigenen Person und des Umfeldes.
5. Das Prinzip Lernen durch Erfahrung
6. Das Prinzip der Entwicklung eigenständiger Lern- und Handlungsfähigkeit (self-support)
7. Das Prinzip der guten Gestalt: unerledigte Geschäfte sollen abgeschlossen werden.
8. Das Prinzip dialogischen Lehrens und Lernens: Aufbau einer vertrauensvollen Beziehung (vgl. 1.)
9. Das Prinzip der Verantwortlichkeit
10. Das Prinzip der Freiwilligkeit: Ein Mensch kann sich kritisch-konstruktiv mit einem Dialogpartner auseinandersetzen
11. Das Prinzip der Synergie: Es soll eine kritische Auseinandersetzung mit den Bedingungen und Wirkfaktoren unserer Existenz erfolgen. Darus folgend soll die Bedeutung solidarischer Handlungen für die humane Gestaltung der sozialen Beziehungen und des verantwortungsbewußten Umgangs mit der Umwelt erkannt und in die Tat umgesetzt werden.

ANMERKUNGEN

[1] vgl. dazu Schreiner M., „Neues' Wahrnehmen der Wirklichkeit, in: KatBl 121 (1996) 396–401
Faber W., Leitsätze und Verfahren in der Gestaltpädagogik, in: KatBl 108 (1983) 365–378
[2] Höfer A., Der Religionslehrer und der Religionsunterricht, in: Christlich Pädagogische Blätter (1996) 109, Heft 4 S. 198-201
[3] Staemmler F.-M./Bock W., Ganzheitliche Veränderung in der Gestalttherapie, München 1991
Staemmler F.-M., Therapeutische Beziehung und Diagnose, München 1993
[4] Brow O.-A./Gudjons H., Gestaltpädagogik in der Schule, Hamburg 1994, S. 19
[5] Grausgruber H., a.a.O. S. 292 f

1. „Der Wald ist nicht gesund" – Eine schwierige Klassensituation

Ein gestaltpädagogischer Versuch, Beziehungsschwierigkeiten in einer Klasse (Gruppe) zu begleiten

Seit Beginn des Schuljahres unterrichte ich in einer gemischten Klasse 8 (17 Jungen/11 Mädchen) die Fächer Biologie, Chemie und kath. Religion. Mit gemischten Gefühlen habe ich den Unterricht in dieser Klasse – unter KollegInnen als schwierige Klasse bekannt- zu Schuljahresanfang begonnen.

Was wird da alles auf mich zukommen? Womit werde ich mich auseinandersetzen müssen? Wer wird mir Schwierigkeiten bereiten? Wie werde ich den Jugendlichen begegnen? Was beschäftigt sie besonders? Womit haben sie in der Klasse zu kämpfen? Welche Lebensgeschichten stehen im einzelnen hinter diesen jungen Menschen? Wem kann ich helfen? Zu wem werde ich keinen Zugang finden?

Fragen über Fragen. Ein erstes Gespräch mit dem Klassenlehrer (Deutsch, Geschichte, ev. Religion, er ist zugleich Beratungslehrer) zeigt, daß er die einzelnen SchülerInnen gut kennt und in Einzelfällen um den problematischen Lebenshintergrund weiß. Seit zwei Jahren bemüht er sich intensiv um diese Klasse.

Folgende Aufzählung eigener Beobachtungen (eher assoziativ) gibt einen ersten Einblick in die problematische Seite der Situation der Klasse:

- Es ist schwer, am Unterrichtsbeginn eine Situation zu schaffen, die gemeinsames Arbeiten ermöglicht. Einzelne kommen zu spät, manche packen ihre Sachen nicht aus, einige bekämpfen sich, andere trinken noch oder tauschen irgendwelche Dinge aus.
- Oft nehmen direkt zu Beginn manche Jungen einander Sachen (Mäppchen, Kleidungsstücke, Bücher) weg und reichen sie durch die Klasse – ein chaotisches Durcheinander entsteht.
- Während des Unterrichts rufen einige laut dazwischen (Impulsivität, mangelnde Affektkontrolle)
- Einige Jungen werden verbal herabgesetzt, manchmal beleidigt. Es gibt ‚Starke' und ‚Schwache', Opfer und Täter. Die Schwächeren werden von einigen Schülern nicht mit Vornamen angesprochen, sondern mit Nachnamen, wobei häufig Kommunikationssperren/Beziehungsblocker verwendet werden (verspotten, befehlen/kommandieren, warnen/drohen).

- Eine häufige Re-Aktion auf meine Anfrage zur Mitarbeit ist unsicheres Grinsen, Schuldzuweisung an andere.
- Kaum jemand traut sich zum Experimentiertisch, um Experimente durchzuführen. Woher kommen diese Ängste?
- Manche Schüler arbeiten mündlich nicht mit, obwohl sie (vgl. mit den schriftlichen Leistungen) das könnten.
- Einige Schüler (Boris, Michael, Stephan, Karin) sitzen oft wie gelähmt, mit Angst in den Augen da. Sie sind nicht zur Mitarbeit zu bewegen.
- Manche Schüler sind ständig in Bewegung (motorische Unruhe, Impulsivität).
- Das Klassenzimmer (meist 5. Stunde) sieht chaotisch aus: Tische und Stühle durcheinander, umgeworfene Stühle, Papierfetzen auf dem Boden zerstreut, verschmierte Tafel.

Ich bin mir bewußt, daß ich in dieser Klasse bereits viele schöne Erlebnisse hatte, daß einzelne Schüler sehr engagiert arbeiten und sich in vielfältiger Weise für die Klasse und die Schulgemeinschaft einsetzen (z. B. Theater – AG, Denkmalpflege ‚Eugen Bolz', u. a.). Und trotzdem *ist das Klassenklima zuweilen so, daß von den SchülerInnen selbst Klage geführt wird und Leidensdruck entsteht.*
SchülerInnen werden durch SchülerInnen und LehrerInnen etikettiert („Tobias ist nicht normal", „jetzt spinnt er wieder", usw.). Ich finde mich selbst in diesem Etikettierungsprozeß, indem ich zum Teil innerlich die Aussagen der SchülerInnen und KollegInnen bejahe. Mir ist dabei klar, daß das Etikett ‚verhaltensauffällig' subjektiv ist. Wann ist für den einzelnen der Toleranzbereich hin zu Normüberschreitung oder Normunterschreitung überschritten? Der Toleranzbereich ist subjektiv, damit ist die Verhaltensauffälligkeit eine subjektive Entscheidung. Verhalten, das abnorm genannt wird, muß als Wechselwirkung von drei Variablen gesehen werden: dem Verhalten selbst (Persönlichkeit und Lebensgeschichte des Schülers), dem sozialen Kontext (Familie, Schule, **Klasse**) und dem Beobachter (LehrerIn), der sich in einer Machtposition befindet. Von diesen Überlegungen ausgehend möchte ich zuerst einmal mit den SchülerInnen zusammen ins Gespräch kommen über die Klassensituation, ohne mich zuvor auf eine Etikettierung einzulassen und dann in der Folge eventuell nur gezielt mit einzelnen SchülerInnen über ihr Verhalten zu sprechen oder sie im Sinne einer Reaktanz des Lehrers auf auffälliges Verhalten zurechtzuweisen.

Klagen hilft nicht weiter. Was bringen die SchülerInnen mit? Wo können wir gemeinsam ansetzen?

Ich halte es für wichtig, daß wir LehrerInnen uns frei machen von einem allgemeinen Lamentieren über die Zunahme von Verhältensauffälligkeiten (vgl. Abb. Defizitäre Situation unserer Kinder) und eher unser Augenmerk darauf richten, was die SchülerInnen mitbringen, wo kann ich als Klassen- oder FachlehrerIn erzieherisch ansetzen (Abb. 3). Nicht unerwähnt lassen möchte ich, daß die derzeitigen Rahmenbedingungen unserer Schule (Klassenstärken durchschnittlich 29,8; Raumnot, usw.) eine erzieherische Begleitung erschweren.

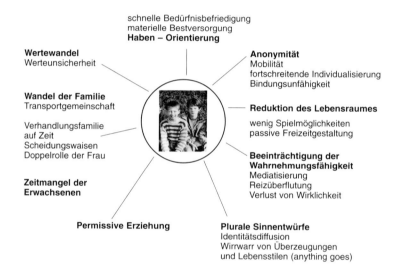

schnelle Bedürfnisbefriedigung
materielle Bestversorgung
Haben – Orientierung

Wertewandel
Werteunsicherheit

Anonymität
Mobilität
fortschreitende Individualisierung
Bindungsunfähigkeit

Wandel der Familie
Transportgemeinschaft

Verhandlungsfamilie
auf Zeit
Scheidungswaisen
Doppelrolle der Frau

Reduktion des Lebensraumes

wenig Spielmöglichkeiten
passive Freizeitgestaltung

**Beeinträchtigung der
Wahrnehmungsfähigkeit**
Mediatisierung
Reizüberflutung
Verlust von Wirklichkeit

**Zeitmangel der
Erwachsenen**

Permissive Erziehung

Plurale Sinnentwürfe
Identitätsdiffusion
Wirrwarr von Überzeugungen
und Lebensstilen (anything goes)

Abb. 2: Defizitäre Situation unserer Kinder[6]

Für mich als **Fachlehrer** ergeben sich folgende Anfragen:
– Wie kann ich als Fachlehrer erzieherisch handeln? Was ist überhaupt schulische Erziehung?
  (Wissensvermittlung und Erziehung stehen gleichwertig nebeneinander) Was heißt erziehen in der 8 d?
– Welche Kooperation mit den an schulischer Erziehung Beteiligten (LehrerInnen und Eltern) ist möglich? Acht Monate seit Schuljahresbeginn sind vergangen; außer der Konferenz zum Halbjahreszeugnis gab es keine Klassenlehrerkonferenz.

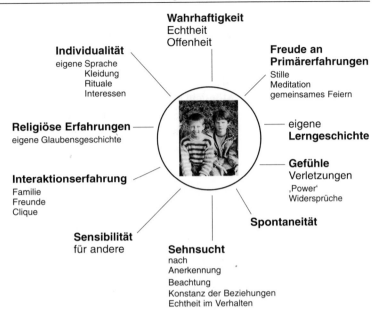

Wahrhaftigkeit
Echtheit
Offenheit

Individualität
eigene Sprache
Kleidung
Rituale
Interessen

Freude an Primärerfahrungen
Stille
Meditation
gemeinsames Feiern

Religiöse Erfahrungen
eigene Glaubensgeschichte

eigene **Lerngeschichte**

Interaktionserfahrung
Familie
Freunde
Clique

Gefühle
Verletzungen
‚Power'
Widersprüche

Sensibilität
für andere

Spontaneität

Sehnsucht
nach
Anerkennung
Beachtung
Konstanz der Beziehungen
Echtheit im Verhalten

Abb. 3: Was bringen Schüler mit in die Schule?[7]

– Als Fachlehrer kann ich kaum einzelnen Schülern und deren Eltern in Einzelgesprächen begegnen. Welche Möglichkeiten, einzelne SchülerInnen kennenzulernen und sie sinnvoll im Unterricht zu begleiten, gibt es für mich als Fachlehrer?
– Welche Lebensgeschichten stehen hinter den jungen Menschen? Wie kann ich sie kennenlernen?
– Wie können wir miteinander ein Klima des gegenseitigen Verständnisses und der Annahme schaffen?

Die Fragestellungen setzen dort an, wo ich als Fachlehrer bereits die solidarische Klage der einzelnen KollegInnen gehört, verschiedene Informationen über SchülerInnen durch den Klassenlehrer erhalten habe. Jetzt kommt es darauf an, **wie ich** den einzelnen SchülerInnen und der Klasse insgesamt **begegne**. Welche Beziehungen sind entstanden? Welche sind nicht entstanden? Welche Gründe gibt es dafür? Wie begegne ich den SchülerInnen, die mir Schwierigkeiten bereiten?

Was will ich ändern? Wie soll ich die Spannung(en) in der Klasse angehen? Das bewegt mich seit Wochen. Wie kann die problematische Klassensituation zur Sprache kommen? Wie kann ich die SchülerInnen aufschließen zu sagen, was sie bedrückt, wie sie selbst ihre Situation sehen?

Erziehung soll mehr sein als Zurechtweisung zwischen Tür und Angel, mehr als Reaktanz des Lehrers.

Welche Möglichkeiten habe ich als Fachlehrer, der u. U. Klassenlehrer in einer anderen Klasse ähnlichen Herausforderungen gestellt ist?

Möglichkeiten und Herausforderungen des/der KlassenlehrerIn haben m. E. einen dimensionalen Unterschied (Einzelgespräche mit SchülerInnen und Eltern, Gesamtplanung erzieherischer Maßnahmen, Schullandheim, Dokumentationen zu einzelnen SchülerInnen, usw.).

Was kann ich unter diesen (Rahmen)bedingungen überhaupt erreichen?

Ich unterrichte Chemie (2 Stunden), Biologie (1) und kath. Religion (1). In den Fächern Biologie und Religion sind die SchülerInnen getrennt. So entscheide ich mich, während des Chemieunterrichts die Problematik anzugehen. Stundentafel und organisatorische Rahmenbedingungen der Schule (Trennung der Klasse, Fachräume mit aufsteigendem Gestühl) erschweren die erzieherische Arbeit.

Eingebunden in die vielfältigen Aufgaben einer(s) LehrerIn (27 Stundendeputat, Klassenlehrerfunktion, Schüler- und Elterngespräche, Fortbildung, usw.) kann ich als Fachlehrer kaum gezielt einzelnen Schülern nachgehen. Solche Einzelgespräche kommen eher zufällig zustande. Doch im Sinne einer **Verlangsamung der Didaktik** und einer **Beziehungsdidaktik** kann ich mich auch als Fachlehrer von der Anfrage ,Wissensvermittlung <u>und</u> Erziehung' leiten lassen. Das Ziel der schulischen Erziehung kann dann nicht das Herbeiführen einer äußeren Harmonie durch Zurechtweisung sein, wobei ich nachdrücklich hier die Notwendigkeit von Regeln und Ritualen in der Klasse betonen möchte. Meine erzieherische Option zielt in dieser konkreten Klasse eher auf die Begleitung des Gärungsprozesses (Entwicklung der Beziehungsdynamik) und damit eng verbunden die Induktion eines **selbst-reflexiven Prozesses** jeder(s) einzelnen SchülerIn. Jede(r) sollte sich der Beziehungsdynamik innerhalb der Klasse bewußt werden. Dazu bedarf es einer Aufmerksamkeitssensibilisierung[8] jedes einzelnen. D. h. ich sehe als LehrerIn jeden einzelnen als *Figur* auf dem *Hintergrund* der Klasse und jeder einzelne erlebt sich als Figur auf dem Hintergrund Klasse. Der Kontext, in dem ein Element erscheint, wird in der Gestaltpädagogik *Grund/Hintergrund* genannt, vor dem sich die Figur abhebt. Oft finden wir einen Mangel an Figurbildung. Im normalen Erleben ist das Verhältnis zwischen Figur und

Grund ein Prozeß des sinnvollen Vortretens und Zurückweichens. Aufmerksamkeit, Interesse, Konzentration, Erregung zeigen ‚gesunde' Figur-/Grund-Prozesse an, während Langeweile, ständiges Tagträumen, Verwirrungen, Angst und Befangenheit Anzeichen eines ‚gestörten' Figur-/Hintergrund-Prozesses sind. Welche *Gestalt* des einzelnen und welche Gestalt der Klasse erlebe ich als SchülerIn und als LehrerIn? Warum bin ich diese(r) in dieser Klasse? Was ist noch offen an meiner Gestalt? Was ist ein unerledigtes Geschäft?

Was hindert mich, der/die zu sein, der/die ich sein möchte? Bezogen auf unsere hier vorgestellte gestaltpädagogische Arbeit können sich sich folgende Fragen ergeben:

Welcher Baum bin ich in diesem Klassenwald? Wer steht neben mir? Wer besucht diesen Wald? Warum bin ich ein unscheinbarer zarter Baum, der sich nach Licht recken muß? Wie kann ich Verbindung aufnehmen zu dieser Baumgruppe auf der anderen Seite des Weges? Was fühle ich als dieser Baum? Was denke ich über diesen Baum, wenn ich dieser Baum wäre? Was will ich in diesem Wald für mich erkämpfen/erstreiten? Was denken die anderen Bäume? Was würde ich tun, wenn ich diesen Wald pflegen müßte? *Guter Kontakt* als Vision wird zum Grund, der dem nicht so optimalen Kontakterleben seine Bedeutung gibt (Fuhr 1995). Durch diesen selbst-reflexiven Prozeß kommt es zur ‚Selbst-Etikettierung' des SchülerIn, d. h. der einzelne sieht selbst seine ‚unerledigten Geschäfte', seine offene Gestalt und beginnt daran zu arbeiten.

Schon während des Malens beginnt der Prozeß des Arbeitens an der eigenen Gestalt (Selbstwirksamkeit). Die innerpsychischen Prozesse der Beteiligten (Empfindungen, Gefühle, Phantasien) und deren ‚Geschichten' werden angeregt und mit dem Umfeld in Beziehung gebracht.

Dabei werden die verschiedenen Schichten der Personen, wie Abb. 4 zeigt, in wechselseitige Beziehung gebracht. Das Thema (Was) ist nicht nur eine Anfrage an die kognitive Dimension des Menschen – wie es oft nur im Unterricht anvisiert wird. Die Dimension des Affektiven und das soziale Umfeld werden bewußt mit einbezogen. Alle Dimensionen/Schichten der menschlichen Person schwingen sowieso mit, ob wir dies als LehrerInnen bewußt und gezielt intendieren oder nicht. Was ist schulische Erziehung? Schulische Erziehung hat auf jeden Fall mit der „Kultivierung der Affekte" (A. Mitscherlich) zu tun. Das setzt voraus, daß wir die eigenen Gefühle und die der anderen in der Schule zulassen, kennenlernen und mit ihnen umgehen lernen.

Das folgende „Zwiebelmodell" zeigt, daß im Kontakt zwischen SchülerInnen und SchülerInnen bzw. LehrerInnen immer alle (Tiefen-) Schichten der menschlichen Person betroffen werden können. Wichtig ist dabei, die Gestaltwerdung nicht primär ‚räumlich' und punktuell als Schichtveränderung in der menschlichen Person, sondern als zeitlichen Veränderungsprozeß des ganzen Menschen zu sehen (vgl. Bewußtheit und Bewußtsein / Ganzheit und Ganzheitlichkeit / Staemmler/Bock 1991). Bewußtheit (ganzheitliches, subjektives Wahrnehmen-Erleben von Figuren im gegenwärtigen Organismus-Umwelt-Feld) führt zu Kongruenz psychischer und physischer Gestaltqualitäten und damit zur Ganzheitlichkeit. Ganzheitliche Veränderung meint einen Prozeß, in dessen Verlauf sich Kongruenz anbahnt. Damit ist nicht gemeint, daß Veränderung vollständig und perfekt ist.

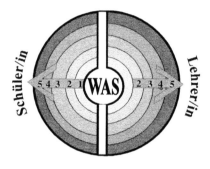

1. Intellektuelle Wachheit, ratio, Wissen
2. Gefühle, Affekte (Wut, Freude, Überraschung, Ekel, Interesse, Furcht, Scham, Verzweiflung, Traurigkeit)
3. Soziales Umfeld
4. Das Unbewußte = das noch nie bewußt Gewesene
   Das Unterbewußte = das schon einmal bewußt Gewesene
5. Transzendenz

Abb. 4 : Kommunikations- und Interaktionsmodell (A. Höfer)[9]

Wie treten die SchülerInnen miteinander in Kontakt? Welche Kontaktgrenzen entstehen? Welche Beziehungen sind entstanden? (Zu den Begriffen Kontakt, Dialog, Beziehung – vgl. Fuhr 1995)
(Wie) respektieren die Jugendlichen die Andersartigkeit der anderen? Wie können sie sich in die Andersartigkeit der anderen hineinphantasieren, ohne sich in der Realität des anderen verlieren zu müssen? Inwieweit bestehen zwischen den Bäumen des ‚Klassenwaldes' Beziehungsgestalten, die einer Beziehungsklärung bedürfen?
Die Gestaltpädagogik geht davon aus, daß Unterricht nie nur die Ebene LehrerIn – Wissen/Sache – SchülerInnen ausmacht, sondern immer auch Beziehungen in der Klasse miteinbezieht, wie es das folgende gestaltpädagogische Quadrat zeigt.

Abb. 5 : Das gestaltpädagogische Quadrat (A. Höfer)

Praxis: Der Klassenwald – ein ganzheitlicher Zugang zu den Beziehungen der SchülerInnen untereinander

Immer wieder haben wir während des Unterrichts über die Situation der Klasse gesprochen, aber nie sind wir einem Problem intensiv nachgegangen. Nachdem ich der Klasse den ‚Klassenwald' erklärt habe, zeigen sich die Jugendlichen bereit.

Praktisches Vorgehen   Material: DIN A 3 – Blatt, Wachsmalkreiden, meditat. Musik

1. Phantasiereise Vorbereitungsphase	Vgl. dazu Einführung S. 104ff Körperhaltung: sitzend/Kopf überm Arm liegend/Kopf zur Mitte Augen schließen Entspannung Atmung

Imagination	(Welche Details Sie im einzelnen formulieren, bleibt Ihrer spontanen Phantasie überlassen. Sprechen Sie ruhig und lassen Sie genügend Pausen, damit sich die Phantasie der SchülerInnen entwickeln kann.)
	
	Frühlingstag – du gehst in den Wald
	
	Waldrand: Hecken, Haselnußsträucher, Blumen
	Waldweg: Duft, Fichtenzapfen, Baumstümpfe, Moos,
	          Vögel zwitschern.
	Du riechst das Harz der Nadelbäume – ein angenehmer, aromatischer Duft.
	Stille, Knacken der Äste, weiches Moospolster – du gehst weiter.
	Lichtung: Ruhebank
	          Sonnenstrahlen treffen auf dein Gesicht, deine Arme – wohliges Gefühl der Wärme.
	Du betrachtest die einzelnen Bäume. Wie sind sie gewachsen?

	Es gibt hohe und niedrige Bäume, Nadelbäume und Laubbäume. Eine bunte Vielfalt vieler Bäume und Sträucher. Manche haben knorrige Äste, andere recken sich hoch, um ans Licht zu kommen. Oft sind die unteren Äste schon abgestorben, weil zu wenig Licht nach unten durchgekommen ist. Wo stehen die Bäume? Wie ist ihre Umgebung? Was wächst da noch alles? Viele Pflanzen und Tiere leben hier zusammen. Sie sind aufeinander angewiesen und bilden eine Lebensgemeinschaft. Wie fühlst du dich in diesem Wald?
Zurückholung	Augen öffnen Arme und Beine strecken aufstehen, sich recken
2. Gestaltungsphase	Male dich als Baum in einem Klassenwald! Denke auch an die bunte Vielfalt im Wald! Schreibe dann auf die Rückseite, welcher Baum du bist und was an deinem Bild besonders ist!
3. Auswertung	Stuhlkreis Prinzip der Freiwilligkeit/geschützte Atmosphäre Ein (e) SchülerIn legt sein/ihr Bild in die Mitte. 1. Tiefung (Augen schließen/Entspannung/Atmung) 2. Beschreibe deinen Klassenwald! – Wohin zieht dich dein Blick? – Welcher Baum bist du? – Wo stehst du? – ›ich stehe ..., neben mir steht (befindet) sich ...‹
Gesprächsimpulse	Wie fühlst du dich ... – ›Als ... Baum fühle ich ...‹ – ›Als ... Baum sage ich zu ...‹ – Was gibt es besonderes in deiner Nähe? – Wenn du dieses(r) ... wärst, was würdest du über den Baum denken? – Was kann der Baum alles? – Was hat der Baum in diesem Wald alles gelernt? – Was würdest du alles verändern, wenn du den Wald pflegen sollst? (Die möglichen Fragen bzw. Impulse sind vielfältig. Es ist sinnvoll, sich durch Selbsterfahrung zu sensibilisieren.)
Abschluß	Gib deinem Klassenwald einen Namen, eine Überschrift!
Gruppenrunde	Möchtest du, daß die anderen hier zu deinem Bild etwas sagen? Was hat euch berührt? Was entdeckt ihr? Was möchtest du zu ... sagen?

Grenzen

Die gestaltpädagogische Arbeit in der Schule beginnt in der Regel nicht mit kognitiver Arbeit, sondern durch Bilder, Tanz, Phantasiereisen, Bibliodrama o. ä. Der Lerninhalt wird als musisch gestaltetes Phänomen präsentiert. Je direkter (greifen, riechen, sehen, spüren), desto gegenwärtiger ist der Inhalt. Dabei ist der/die LehrerIn das beste Medium. Dies ist die **Stufe der Phantasie/Kreativität** innerhalb der vier Stufen der Tiefung (Höfer 1993 S. 37f). Erst dann in der **Stufe der Rationalität/kritischen Bewußtseins** wird strukturiert: Was haben wir getan? Was haben wir erlebt? Wozu entscheidest du dich? In der **Stufe der Involvierung** werden Vergangenheitserlebnisse so erlebt, daß sie gegenwärtig sind (etwa wie im Traum). Dabei werden Gefühle von ‚damals‘ aktualisiert (Wut, Aggression, Trauer, usw.). Wir wollen zwar Betroffenheit, aber diese Stufe der Erschütterung nicht in der Schule anstreben. Die SchülerInnen dürfen unter dem Schutz der Verallgemeinerung Persönliches aussagen und in einem **geschützten Raum** verweilen, d. h. ihr Bild oder ihren Brief mit Freunden besprechen. Sie sollten nicht dazu gezwungen werden, ihre persönliche Lebensgeschichte vor anderen auszubreiten, wenn sie es nicht wollen.

Für unser Beispiel „Klassenwald" bedeutet das, daß niemand gezwungen wird, sein Bild vor allen zu besprechen, daß das Gespräch zunächst auf der Bildsprache bleibt, und der/die SchülerIn selbst entscheidet, ob er/sie konkretisiert. Auch im Falle der Bildsprache werden wir die Botschaft des Bildes und des Gespräches verstehen.

Reflexion: Bewußtheit erreichen

Imagination

Ich entscheide mich für eine Sitzhaltung/Kopf in der Armbeuge auf dem Tisch. Das kreisförmige Liegen ermöglicht meinen Erfahrungen entsprechend eine tiefere Entspannung. Doch Umstände und Zeitrahmen ermöglichen kein Umräumen des Klassenzimmers. Die Entspannung erfolgt mit Anweisungen des Autogenen Trainings.

Obwohl ich in diesem Schuljahr bereits mehrmals einen Zugang zu Stilleübungen, Phantasiereisen, Körperübungen versucht habe, zeigen die Jugendlichen erhebliche Widerstände (Lachen, herumalbern, „so ein Scheiß"). *Ich beginne zu schwitzen, spüre die Wärme in mir hochsteigen, den Wunsch loszuschreien*, wie ich es manchmal in schwierigen Situationen getan habe und kurzfristig Erfolg damit hatte. Kritisierendes Eltern-Ich oder Erwachsenen-Ich (Vgl.

S. 132 ff)? *Hoffentlich kann ich mit ruhiger Stimme durchhalten? Was passiert, wenn …?*
Es wird langsam ruhiger. Die Unsicherheit der SchülerInnen und meine schwindet. Wir halten die Phantasiereise durch.

Malen

Manche SchülerInnen rufen sofort: „Ich kann doch nicht malen!"
Es ist wichtig, ihnen verständlich zu machen, daß es gar nicht auf die ‚Schönheit' ankommt. Das, was du malst, ist etwas von dir, etwas Wichtiges und Kostbares. Überlege nicht lange; male schwunghaft und großzügig (mind. DIN A 3/ Wachsmalkreiden eignen sich gut).

Bild 1: Boris

Beim Malen fangen manche wieder zu sprechen an – permanentes Sprechen. *Boris* malt kaum mit, er versteckt sein Gesicht in der Armbeuge. Ich gehe zu ihm hin, mit großen Augen schaut er mich an. Was geht wohl in ihm vor? (Durch Krankheit hat er während der frühen Kindheit seinen Vater verloren, er befindet sich in Einzeltherapie. Immer wieder sucht er nach dem Unterricht Kontakt zu mir. Still steht er vor der Tür, wenn alle KlassenkameradInnen den Raum längst verlassen haben. Er sagt nichts. Fragend und suchend schaut er mich an. Oft geht er ein Stück zum Lehrerzimmer mit. Manchmal ein kleines Lächeln).
Nach der ersten Phase der Irritation beginnt ein intensives Malen. Ich bin selber in meinen Wald involviert. Die Zeit reicht kaum.
Doch gelungen? Ich bin froh, den Versuch gemacht zu haben. Da ist etwas passiert beim Malen. Die Intensität, die Konzentration, das Involviertsein zeigen, daß sich die SchülerInnen auf einen Prozeß eingelassen haben.

Auswertung

Der Klassenlehrer ist heute auf Fortbildung, so müssen sich in der 5. Stunde evangelische und katholische Schüler nicht trennen. Wir können mit der Auswertung beginnen. In der 4. Stunde – Lerngang Biologie Klasse 6 – interessiert mich alles andere als das Thema „Frühblüher".
Wie soll ich auswerten? In Einzelgesprächen oder in Gruppen durch die SchülerInnen? Was heißt für diese Klasse ‚geschützter Raum'?

Wenn ich im Klassenzimmer Kleingruppen sich selbst überlasse, entsteht ein Chaos. Ich entscheide mich für den Stuhlkreis und damit für die Einzelbegleitung. Das Herz schlägt mir beim Betreten des Klassenzimmers spürbar. Wird das gutgehen?

1. Besprechungsstunde

Eine chaotische Unordnung treffe ich an. Schon den Kreis zu bilden, ist eine Herausforderung für sich. Mehrmals muß ich auffordern, die Tische zur Seite zu schieben und mit den Stühlen einen Kreis zu bilden.

Vor allem die Jungen setzen sich mitten in den Raum wirr durcheinander, sie kümmern sich nicht um die Tische. Ich fordere mehrere namentlich auf und packe selbst mit an.

Endlich! Mit behutsamen Worten und ruhiger Stimme lade ich ein: Wer will mit mir sein Bild besprechen?

– Stille – Wie lange habe ich Geduld? – horror vacui – Nichts! Fragende Gesichter – Grinsen – Nichts –

Manche Mädchen schauen fragend: Ruft er mich auf?

Ich beginne mein Bild zu beschreiben: Ich bin die Fichte hier rechts. Neben mir ist ein Teich. Viele Bäume stehen um mich herum ...

Trotz herzlicher Bitte um Ruhe ein Lachen und Gerede. Mißachtung meines Wunsches oder Unsicherheit?

All die Theorie um Widerstand und Unsicherheit nützt mir nicht. Handeln. Aber wie? Laut und direkt, unmißverständlich stelle ich klar, worum es hier geht und daß ich nicht gewillt bin, so weiterzumachen.

Ruhe. Funkstille. Erhöhte Aufmerksamkeit.

Sie hören, schauen mich an, klinken sich in die Wahrnehmung mit ein: Da ist ein Baum umgehauen! Einer ist größer als Sie! (Dieser Satz begleitet mich)

Erneuter Start. Wer möchte von seinem Wald erzählen? Ihr braucht keine Angst zu haben. Es gibt hier nicht Richtiges oder Falsches. Was du sagst ist gut, ist etwas ganz Wichtiges und Kostbares von dir. Ich achte auf dich und beschütze dich.

Die folgenden Aussagen sind Gedächtnisprotokolle – oft Stunden danach gefertigt- und können nur annähernd das wiedergeben, was sich in vielschichtiger Weise ereignet hat.

Zaghaft meldet sich Karin (eine gute Schülerin, die sich im Unterricht aber sehr selten meldet und häufig mit angespanntem oder traurigem Gesicht dasitzt). Das überrascht mich.

Bild 2: Karin

Bild 3: Lisa

Ich bin der Baum ganz links. Ich stehe außerhalb. Mir stehen viele Bäume gegenüber, sie stehen dicht beieinander. Bei mir ist nur einer. Die vielen Bäume da drüben sind wie eingenebelt. Die Kleinen da drinnen werden fast erdrückt, sie können nicht wachsen. Ich möchte mehr Blätter haben, dann könnte ich besser wachsen. Was sagt der kleine Baum zu den großen da drüben? *Ich bin so klein, ich habe keinen Platz zum Wachsen. Ich bin traurig.*
Auf die Frage ,Welche Überschrift möchtest du deinem Klassenwald' geben, sagt Karin: *Der Wald ist nicht gesund.*

Das Eis scheint gebrochen. **Lisa** (eine große, fast erwachsen wirkende Schülerin, manchmal intensiv tagträumend; nach der Trennung der Eltern lebt sie mit ihrer Großmutter zusammen, mit der sie Schwierigkeiten hat) meldet sich. Nach einer kurzen Phase der Entspannung und Tiefung erzählt Lisa über ihren Klassenwald. Es sind viele bunte Bäume, große und kleine. Die Stämme von vier Bäumen sind ganz schwarz, einer davon ist umgefallen, ohne Blätter, vertrocknet. Und wo bist du Lisa in deinem Klassenwald? *Ich bin nicht drauf. Ich bin außerhalb.* Du schaust von außen auf den Wald? Was fühlst du, wenn du den Wald betrachtest? Was sagt der Baum, den es umgehauen hat?
Ein intensives Gespräch entwickelt sich. Und die Klasse hört gebannt zu.

Es hat sich gelohnt aus-und durchzuhalten. Am Ende der Stunde habe ich das Gefühl, daß sich die Jugendlichen auf mein Vorhaben eingelassen haben. Aus der Erinnerung schreibe ich die Gesprächsfetzen auf.

2. Besprechungsstunde

Die Stunde beginnt im Stuhlkreis. Die SchülerInnen kommen verschwitzt und ausgepowert vom Sportunterricht. Es gibt keine Schwierigkeiten, offensichtlich hat die letzte Besprechungsstunde so gut getan, daß der Stuhlkreis ohne meine Hilfe entsteht.

Ich beginne, indem ich an die letzte Stunde anknüpfe mit der Formulierungsbrücke *‚Wenn ich an meinen Wald denke, denke ich an ... fällt mir ... ein".* Ich formuliere einen Satz und werfe einem/r SchülerIn einen Tennisball zu mit der Aufforderung, weiter zu machen. Diese Runde holt alle wieder in den ‚Wald' zurück.

Als erste Schülerin meldet sich **Iris** (eine Schülerin, die in dieser Klassensituation leidet, aber sich auch zur Wehr setzen kann).

In der Mitte ihres Waldes stehen viele Bäume eng beieinander. Außen herum sind einzelne Bäume deutlich abgegrenzt als Gruppen oder alleine. Iris steht allein. Sie bringt unmißverständlich ihr Gefühl der Einsamkeit und Verlassenheit zum Ausdruck. Stille. Ich sehe ihr die Anspannung an. Mit rotem Gesicht und zittriger Stimme versucht sie weiterzusprechen. Welche Überschrift möchtest du deinem Wald geben? *Der Wald der Coolen und Einsamen.* In der Gruppenrunde wird lebhaft diskutiert. Ich achte darauf, daß jeder zu Wort kommt, daß keine Du-Botschaften verteilt werden.

Melanie's Bild zeigt viele Zweier- und Dreiergruppierungen, was das Interesse der Mädchen weckt und in der Gruppenrunde zu Nachfragen und Diskussionen führt.

Der erste Junge meldet sich. **Claudius.** Die anderen schauen gespannt. Claudius ist einer der Jungen, der als „cooler Typ" be-

Bild 4: Iris

Bild 5: Claudius

zeichnet wird. C. ist leicht ablenkbar und lenkt häufig andere ab. Er handelt impulsiv. Sein Lachen irritiert machmal. Die Konzentrationsfähigkeit läßt im Verlauf einer Stunde erheblich nach. Er ruft während des Unterrichts dazwischen, ohne sich zu melden. Seine kurzen Phasen der Aufmerksamkeit und Mitarbeit während einer Stunde sind genauso bemerkenswert wie sein ‚Untertauchen' und ‚Gefangensein', wenn ihn unter der Bank etwas beschäftigt. Er sucht oft Kontakt zu mir und zeigt sich aufgeschlossen. KollegInnen sagen über ihn: Er überschätzt sich, ist oft überheblich und provozierend. Er ist sensibel und innerlich zerrissen. Er erfährt wenig Nähe in der Klasse, er sucht sie bei mir. Insgesamt wirkt er unsicher. Er erzählt von seinem Wald: *Der Wald ist gespalten in zwei Hälften durch einen Weg und eine Wegkreuzung. Manche Bäume haben sich noch nicht entschieden, wohin sie gehen sollen. Ich bin der große Baum in der Baumgruppe links. Wir sehen ziemlich ähnlich aus.* Wo steht ihr? Wie ist der Boden, auf dem ihr steht? *Ja, das ist wenig Boden, etwas Erde, einer steht auf dem Weg.* Und eure Wurzeln? *Ich sehe keine Wurzeln, die sind nicht zu sehen. Die Sonne scheint in unseren Wald.* Sind nur gleiche Bäume im Wald?
Nein, da drüben steht ein Baum – ein Laubbaum oder so. Ziemlich allein. Was denkt dieser einsame Baum? *Ich bin ganz allein und verlassen. Bei mir steht niemand. Das macht mich traurig.*
Welche Überschrift gibst du deinem Wald? *Der Wald ist gespalten – getrennt.*
Die Gruppenrunde bleibt bei dieser Figur des einsamen und traurigen Baumes. Ich spüre die Empathiefähigkeit derSchülerInnen. Ja, wie geht's dem traurigen Baum? Die Klasse hat in dieser Stunde gut mitgemacht. Ich habe ein gutes Gefühl. Mit Beunruhigung schaue ich allerdings auf einige Jungs (Johannes, Alexander, Andreas), die sich schwer tun, ruhig zu sitzen, die Spannung auszuhalten. Ich denke, in ihnen ist noch viel Widerstand. Sie spüren wohl, wie sehr ihr Verhalten mit dieser Waldsituation zu tun hat.

3. Besprechungsstunde (Doppelstunde)

Wir beginnen mit der Formulierungshilfe „*Wenn ich ein Tier in meinem Wald wäre, würde ich ...*
würde ich so schnell wie möglich einen anderen Wald suchen."
würde ich mich verkriechen."
würde ich auf einen Baum klettern." usw.

Bild 6: Jonathan

Bild 7: Tobias

Jonathan meldet sich zur Besprechung. Beschreibe deinen Wald! *Alle Bäume sind gleich, nur einer ist anders.* Welcher Baum bist du? *Ich bin auch ein blauer Baum. Nur der gelbe ist anders.* Jonathan bringt zum Ausdruck, daß der gelbe Baum in der Mitte anders ist. Im Gespräch finden wir, daß er auch gleich groß ist wie die anderen, die gleiche Gestalt hat. Was denkst du über den gelben Baum? Wie geht es dem gelben Baum?

In der Gruppenrunde fordert Alex Jonathan auf zu sagen, wer dieser Baum ist. Unruhe entsteht. Rebekka findet das spontan unmöglich: *Du willst nur haben, daß Jonathan das sagt. Das weiß doch jeder, wer der gelbe Baum ist. Du willst ihn jetzt wieder fertig machen.* Ich überlasse Jonathan, ob er den gelben Baum beim Namen nennen will. Jonathan tut es. Ich stelle einen leeren Stuhl in die Mitte. Ich bin der gelbe Baum und ich denke (fühle) ... Einige SchülerInnen beteiligen sich. Sehr einfühlsam versetzen sie sich in die Situation des gelben Baumes. Schlußrunde: Ich wünsche dem gelben Baum ... *daß er Beziehung zu den anderen Bäumen aufnimmt, daß er nicht alleine und traurig steht, daß* ... Eine hohe Aufmerksamkeit und Beteiligung zeigt, daß da viel geschieht.

Tobias meldet sich als nächster. *Ich sehe in meinem Wald zwei Bäume, die verkrüppelt sind. Sie sind eingegrenzt. Da wächst kein Gras. Die Grenze ist ganz dicht. Die Bäume bekommen kein Wasser vom Bach, da ist auch eine Grenze.* Was würdest du tun, wenn du deinen Wald pflegen solltest? *Ich würde die Grenze wegnehmen, daß man die Bäume pflegen könnte. Daß man die Bäume ...* Wer soll die Bäume pflegen? Formuliere noch einmal!

In der Gruppenrunde wird Claudius darauf aufmerksam, daß über den Bach ein Steg führt. *Da wäre doch ein Zugang zu den beiden Bäumen. Wir müssen nur noch die Grenze öffnen.*

4. Besprechungsstunde

Ihr könnt in Kleingruppen zu dritt eure Bilder besprechen (Hiermit wird jeder/m Gelegenheit gegeben, das Bild zu besprechen). Suche dir einen Klassenkameraden/In, mit dem/der du das gerne tun möchtest. Ihr könnt dazu einen ruhigen Platz im Klassenzimmer oder im Schulhaus suchen. Ihr habt dazu 20 Minuten Zeit. Kommt bitte um 11.50 Uhr wieder ins Klassenzimmer zurück!

5. Besprechungstunde

„Unter der Gürtellinie?"

Durch die Interaktionsübung ‚Unter der Gürtellinie' können emotionale Erlebnisinhalte verbalisiert werden. Die SchülerInnen können dies im geschützten Raum der selbstgewählten Kleingruppe tun oder wie unserem Fall, nachdem wir schon mehrere Stunden zusammen über die Beziehungen in der Klasse sprechen, auch im Stuhlkreis der ganzen Klasse.

Praktisches Vorgehen

Material: Schreibzeug, DIN A 5 Blatt in der Mitte falten

1. Ich fühle mich verletzt, wenn …
2. Ich fühle mich verletzt, wenn …

Arbeitsanweisung:
1. Jede(r) von euch schreibt Punkte auf, die euch besonders im Hinblick auf die Klassengemeinschaft verletzen (nicht mehr als 10 Punkte).
   Beispiele: Schimpfwörter, Beleidigungen, Auslachen und Spott durch **LehrerInnen und MitschülerInnen**.
   Ihr habt dazu 5 Min. Zeit.
2. Suche einen Gesprächspartner (eine Mitschülerin/Mitschüler, zu der/dem du Vertrauen hast).
   Ihr besprecht eure Listen mit eurem Gesprächspartner. Klärt miteinander ab, ob wirklich alle Punkte „unter der Gürtellinie" liegen!
3. Jeder von euch soll am Ende 3 Punkte haben, die wirkliche Verletzungen sind.
   Jede/r liest seine Verletzung(en) vor, die anderen hören zu. Wir geben keinen Kommentar dazu und stellen auch keine Rückfragen.

Auswertung:
Was verletzt mich? Was trifft mich ganz besonders?
Was macht es schwer, über die eigene Verletzbarkeit zu sprechen?
Achten wir in der kommenden Woche in der Klasse darauf, daß
diese Verletzungen nicht vorkommen?
Erfahrung:
Die SchülerInnen haben die Anweisung entgegengenommen, nach
einigen Rückfragen geschrieben. Sehr bald fiel mir auf, daß sich
einige Jungs (besonders Jonathan, Alex) sperren. Mich verletzt
nichts, sagt Jonathan. Die Auswertung in Kleingruppen verläuft bei
den Mädchen engagiert, manche Jungen albern. Beim Vorlesen
kommt es zu einer Auseinandersetzung, zu einer Aufteilung der
Klasse in ‚Jungen' und ‚Mädchen'. *„Überall, wo wir hinkommen,
müssen wir uns schämen mit euch"*, sagt Lisa. *„Niemand will in unserer Klasse unterrichten, weil ihr dauernd Blödsinn macht"*, wirft
Rebekka ein. Vieles, was schwierig ist, kommt zur Sprache. Alex
kann auf eine Anfrage Rebekka's nicht eingehen, Er kaspert und
gibt Laute von sich, wie ich sie eher bei angegriffenen und hilflosen
Kindern im Vorschul- und Grundschulalter kenne. Ich spüre in mir
Wut und auch Hilflosigkeit. Am liebsten würde ich Alex ‚ruhigstel-
len', was durch re-aktives Verhalten aus dem kritisierenden Eltern-
Ich für mich möglich wäre. Was hätte ich gewonnen? Für kurze Zeit
‚Friedhofsruhe'. Ich achte darauf, daß jeder und jede zu Wort
kommt und daß Du-Botschaften im Sinne der Gesprächsbarrieren
vermieden werden.
Am Ende der Stunde frage ich, ob wir nun mit dieser Stunde den
‚Klassenwald' verlassen, wie ausgemacht. Ein Schüler ist für been-
den, einer enthält sich, alle anderen wollen weitermachen.
Was finden die SchülerInnen „unter der Gürtellinie"?
Folgende Äußerungen waren häufig zu lesen:
Ich fühle mich verletzt, wenn ...
ich beleidigt werde.
ich verarscht werde.
mich jemand fertig macht.
mich jemand auslacht.
ich verspottet werde.
ich keine eigene Meinung haben darf, weil ich sonst ausgelacht
werde.
ich etwas falsch mache, und alle loslachen.
mir jemand meine Sachen wegnimmt und versteckt, obwohl ich ihn
ermahnt habe.
jemand meine Sachen kaputt macht.

Tobias hat seine Verletzungen vor der Klasse vorgetragen; Benjamin hat sie notiert, vorgelesen hat er nicht.

Was haben wir erreicht?

1. Während des Malens erlebt und verarbeitet jeder die Situation der Klasse. Die Mehrzahl der Bilder zeigt eine ‚Spaltung' des Klassenwaldes durch Wege, Bäche oder Grenzen (vgl. Bild 4 und 5) oder stark voneinander getrennte Baumgruppen (vgl. Bild 4). Die Bilder allein sagen wenig.

   Wir können sie nicht psychologisieren. Nur im Gespräch, in der einfühlsamen Begleitung, reflektieren die SchülerInnen ihre Sicht der Klasse. Wichtig ist dabei, *das/die signifikanten Detail(s)* im ‚Klassenwald' zu sehen. Es kommt nicht so sehr darauf an, alle Einzelheiten anzusprechen und erklären zu lassen. Das Signifikante, das Auffällige führt weiter. Oft lenken die SchülerInnen selbst dort hin.

2. In der Bearbeitung der Bilder werden Prozesse beeinflußt im Sinne einer *Ressourcenarbeit*. Wir suchen positive emotionale Erlebnisse (Ressourcen) und übertragen sie in diese Situation (vgl. O'Connor 1995)

   Was hast du in deinem Wald gelernt? Was braucht der kleine Baum, um zu wachsen?

3. Jeder Kontakt vollzieht sich zwischen Polen (Zugehörigkeit und Eigenständigkeit). In jedem Kontakt*prozeß* sind wir zeitweise eins mit unseren eigenen Gefühlen, Ideen, Empfindungen oder denen des anderen (Konfluenz). Dieses Sich-Ein-Fühlen kann sich auf einzelne Personen oder auf Gruppen und Gemeinschaften beziehen. Der Gegenpol zu diesem Verschmelzen ist das Sich – Abgrenzen. Auch das kommt in jedem Kontaktprozeß vor. Jeder *Prozeß* der Persönlichkeitsentwicklung bewegt sich immer wieder zwischen diesen Polen des Bedürfnisses nach Zugehörigkeit einerseits und Verschiedenheit und Eigenständigkeit andererseits. Die Bedürfnisse sind polar (kontraktiver und expansiver Pol). Kontraktiver Pol meint Vermeidung, Unterdrückung Kontrolle und expansiver Pol meint Bedürfnis, Impuls, Erregung. Mit dem Erleben dieser Pole sind die SchülerInnen in der Situation der Polarisation. Sie erleben ihre Situation nicht mehr nur als Ergebnis äußerer Kräfte, sondern auch als Konflikt zwischen selbst zu verantwortenden, gegeneinander gerichteten Handlungen. Soll ich ruhig sein und mich verkriechen wie immer, weil die anderen mich auslachen, ‚verarschen' ... oder soll ich mich zu Wort melden, kämpfen/streiten, Verletzungen beim Namen nennen? Als

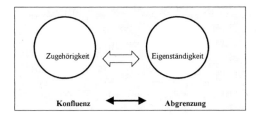

ErzieherInnen können wir Hilfe zur Polarisation leisten. Wir verhelfen zur *Bewußtheit* (Staemmler/Bock 1991 S. 57 ff). Die Bewußtheit (das ganzheitliche, subjektive Wahrnehmen-Erleben der SchülerInnen in ihrem gegenwärtigen Organismus-Umwelt-Feld) ist vergleichbar einem Katalysator. Er bringt die Polarisation in Gang. Dabei braucht der/die SchülerIn die Sicherheit, daß der/die LehrerIn die Situation der Unsicherheit nicht ausnutzt, er/sie braucht die Gewißheit, daß der/die LehrerIn präsent bleibt, für ihn/sie dableibt (positive Zuwendung / Akzeptanz). So ist es möglich, daß SchülerInnen sich auf den Weg der Entwicklung (der immer neuen Expansion) machen. ErzieherIn sein bedeutet Zeit haben und Kontakt anbieten, als Person erreichbar sein.

Ich muß mit meinem Gesprächspartner immer wieder verschmelzen, mich in ihn hineinfühlen und hineinphantasieren (Innewerden/Realphantasie bei M. Buber), um ihn kennenzulernen und um mich von ihm abgrenzen zu können. Die Kontaktfunktionen (vgl. Abb. 6) spielen sich zwischen diesen Polen ab (Fuhr 1995, S. 119 ff).

Warum grenzen sich einige SchülerInnen sehr stark ab (vgl. Retroflektion, Fuhr 1995 S. 129)? Warum gibt es ihrerseits kaum Aggression im Sinne von aggredi (= auf eine Person/Sache zugehen etwas anpacken, sich auseinandersetzen, streiten)? Retroflektion ist Zurückhaltung, Auf-Sich-Bezogen-Sein, Zurückwendung der Aggression gegen sich selbst, was sich in Anspannung, Verspannung äußert (z. B. Karin sucht kaum Blickkontakt zu anderen während der Stunde. Sie schützt sich durch Selbstbeobachtung vor voreiligen Aktionen, was zu Distanz und Isolation führt. Sie meidet Kontakt und verzichtet auf lebendige und risikoreiche Spontaneität. Tobias zieht sich aufgrund der verbalen Attacken innerlich zurück und ist beleidigt/verletzt und wendet sich ab. Er „stellt sich tot". Inwieweit können wir ihm helfen, ‚da' zubleiben, Kontakt aufzunehmen, zu verhandeln. Es fällt mir auf, daß ich diese Störung Tobias' (mit)konstruiere – Tobias selbst äußert sich nicht; Mimik und Haltung allerdings ‚sprechen'. Der ‚Klassenwald' ermöglicht Tobias, Karin u. a. die eigene Beziehungssituation (-gestalt) zu reflektieren und gegebenenfalls zu verändern (schöpferische Anpassung). Wir bieten im Gespräch den SchülerInnen Konfluenzmöglichkeit und Abgrenzungsmöglichkeit als Wahlmöglichkeit im Sinne der Selbstregulation an. Als ErzieherInnen können wir dies nicht ursächlich beeinflussen, wir können das Ergebnis nicht vorherbestimmen, also kein festes Ziel erreichen. Diese nicht-determinierende Beeinflussung nennt die Gestalttheorie Ko-Evolution (Fuhr 1995 S. 140). Ich kann die Ambivalenz aushalten zwischen dem Beeinflussen-Wollen und dem Akzeptieren-Müssen, was der andere daraus macht. Beide Pole müssen in Tobias, Karin, … einen Platz finden:

Annehmen, was ist		**Veränderungswünsche**
statt ablehnen und bekämpfen	Selbstregulation	**Absichten, Visionen**

Für meine weitere Arbeit mit dieser Klasse heißt das, den „mittleren Modus" ansteuern: akzeptieren/gewährenlassen und beeinflussen. Das Akzeptieren ist dabei nicht gleichzusetzen mit gut-heißen und das Beeinflussen ist nicht ein krampfhaftes Bekämpfen und Verändern-Wollen.

Auf eine kurze Formel gebracht:

$$A + K \longrightarrow E$$

Entwicklung (E) gibt es nicht, wenn ich nur konfrontieren (auf Fehler hinweisen, zurechtweisen, (ein)fordern) will. Der Konfrontation muß Akzeptanz/Empathie (A) vorausgehen.

Eine gezielte und in der Klassenlehrerkonferenz abgesprochene erzieherische Begleitung halte ich für sinnvoll, zumal sich während der letzten Klassenlehrerkonferenz (nach der 2. Besprechungsstunde) zeigte, daß zehn SchülerInnen mit z. T. erheblichen familiären Problemsituationen konfrontiert sind. Schulische Störungen (Motivations- und Konzentrationsstörungen, Verhaltensauffälligkeiten, Lernstörungen) sind (auch) Beziehungsstörungen.

Zusammenfassend möchte ich fragen: Haben die Beziehungen zwischen SchülerInnen und SchülerInnen/LehrerInnen unter der Frage ‚Was ist schulische Erziehung?' nicht eine Vorrangstellung (**Primat der Beziehung**)? Oder in der Terminologie Martin Buber's gefragt: Wie kann ich als LehrerIn eine **Ich-Du-Beziehung** (eine gegenwärtige Beziehung) anbahnen, d. h. so präsent wie möglich zu sein, den SchülerInnen mit Offenheit und ohne eigennützige Absichten und Ziele zu begegnen, „eine Haltung der Wertschätzung gegenüber ihrer Andersartigkeit und Ganzheitlichkeit einzunehmen. Und wie kann ich diese aktuelle Ich-Du-Beziehung auch dann anzubahnen versuchen, wenn ein/eine SchülerIn diese Beziehung nicht selbst aktiv will und kann (also keine Mutualität der Beziehung vorliegt).

„Jedes Ich-Du-Verhältnis innerhalb einer Beziehung, die sich als ein zielhaftes Wirken des einen Teils (Lehrer, Seelsorger, Therapeut – Anmerkung des Verf.) auf den anderen spezifiziert, besteht, kraft einer Mutualität, der es auferlegt ist, keine volle zu werden."[10] An diesem Punkt eröffnet sich ein weites Arbeits- und Diskussionsfeld für die Frage Was ist schulische Erziehung? Was kann sie erreichen? Wo sind ihre Grenzen?

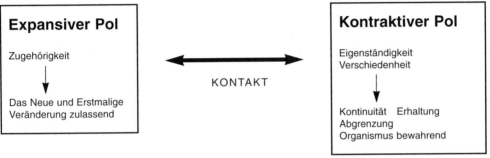

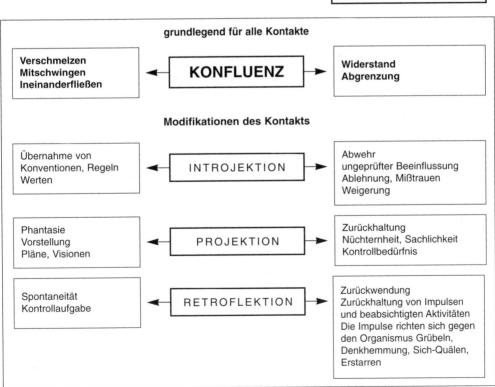

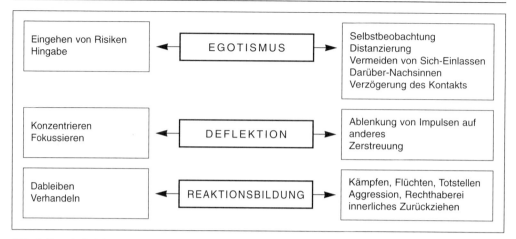

Abb. 6: Kontaktfunktionen

Ausblick

1. Für ein weiteres Vorgehen denke ich an ein *gemeinsames Wochenende* zum Thema: Mädchen sein – Junge sein. Meine Rolle als Mädchen – meine Rolle als Junge. Während der Besprechungsstunden zeigte sich eine starke Polarisierung zwischen Jungen und Mädchen („ihr Mädchen", „die Buben", „mit denen kann man nichts anfangen, die pubertieren nicht einmal"). Während einer Besprechung stelle ich 2 leere Stühle mit der Formulierungsbrücke in den Kreis: Ich bin ein Junge/Mädchen dieser Klasse und ich denke (fühle, hoffe, erwarte) *... und sehe, daß die Mädchen reifer sind. ... und ich wünsche, daß die Jungen die Probleme, die wir besprochen haben, ernster nehmen. ... und wünsche mir, daß unsere Gemeinschaft besser wird.*[11]
   Die Übung „Unter der Gürtellinie" (S. 34) zeigt ganz deutlich die Spannungen zwischen Jungen Mädchen.

2. Weiterhin könnte als einer der nächsten Schritte hilfreich sein, wenn die Klasse selbst *Verhaltensregeln* aufstellt, die das Zusammenleben in der Klassengemeinschaft regeln. Ich suche das Gespräch mit dem Klassenlehrer.

   Nach ca. zwei Wochen überreichte mir der Klassenlehrer folgende *Verhaltensregeln der Klasse 8 d:*
   Der Klassenlehrer macht darauf aufmerksam, daß die SchülerInnen gemeinsam ohne Beeinflussung bzw. Korrektur durch den Klassenlehrer diese Verhaltensregeln aufstellten. Interessant ist, daß alle Regeln in einem Zusammenhang stehen zum Klassenwald bzw. der Besprechung dieser Bilder.

Behandle jeden so, wie auch du behandelt werden willst!

Das heißt:
1. Du sollst Deine Mitschüler achten und sie nicht schikanieren, nur weil sie etwas getan haben, was Dir nicht gefällt!
2. Schließe niemanden aus der Gemeinschaft aus!
3. Du sollst das Eigentum Deiner Mitschüler achten und nicht beschädigen!
4. Vermeide Späße auf Kosten anderer!
5. Du sollst Deine Schuld nicht auf andere schieben!
6. Nehme die Meinung Deiner Mitschüler ernst!

(Verhaltensregeln der Klasse 8 d)

Die SchülerInnen formulieren ihre Verhaltensregeln unter der Überschrift *Behandle jeden so, wie auch du behandelt werden willst!'* Folgt man dem Entwicklungsschema moralischen Urteilens nach L. Kohlberg[12] so läßt sich erkennen, daß die SchülerInnen erwartungsgemäß auf der Stufe 2 bzw. 3 denken und handeln, was durchaus diesem Alter entspricht.

Ausgangspunkt einer moralischen Erziehung ist nach Kohlberg die Auseinandersetzung in Konfliktsituationen. Jeder Konflikt schafft

Präkonventionelle Ebene	Stufe 1 äußere Kontrolle durch Lohn und Strafe	Das Kind argumentiert in Begriffen von Autorität und Macht, Lohn und Strafe. Regeln werden nicht übertreten aufgrund der folgenden Bestrafung.
	Stufe 2 Naiv-hedonistische Orientierung Diese Stufe erreichen ca. 45% der 13-14jährigen[13]	Eigene Interessen und Bedürfnisse werden erfüllt. Den anderen wird das gleiche Recht eingeräumt. Richtig ist das, was auch fair ist, was auf Gegenseitigkeit beruht. „Wenn der das machen darf, darf ich das auch." Gegenseitigkeit ist eine Frage von „eine Hand wäscht die andere", nicht von Dankbarkeit und Gerechtigkeit.
Konventionelle Ebene	Stufe 3 Gut sein Orientierung an den Erwartungen anderer Diese Stufe erreichen ca. 45% der 13-14jährigen.	Als gut wird angesehen, was der Rolle des ‚braven Jungen/Mädchens' entspricht. Zwischenmenschliche Beziehungen spielen eine wichtige Rolle. Gut ist eine Handlung, die Zustimmung und gute Kontakte sichert.

	Stufe 4 Orientierung an Recht und Ordnung Diese Stufe erreichen nach Kohlberg durchschnittlich 5% der 13-14jährigen	Verpflichtungen, die man eingegangen ist, Gesetze, denen man zustimmt, werden als positiv angesehen.
Postkonventionelle Ebene	Stufe 5 Orientierung an einer Sozialvertragsmoral	Im Konfliktfall wir den Gesetzen vor den individuellen Bedürfnissen Vorrang gegeben. Wo Gesetze den Bedürfnissen menschlichen Lebens nicht mehr entsprechen, müssen sie nicht eingehalten werden.
	Stufe 6 Orientierung an allgemein gültigen Prinzipien	Selbsgewählte ethische Prinzipien werden befolgt (Gerechtigkeit, Gleichheit, Menschenwürde).

ein Ungleichgewicht und um das Gleichgewicht wieder herzustellen, müssen Lösungen gesucht werden. Wenn nun Prinzipien immer wieder genannt, reflektiert, verworfen oder ergänzt werden, wird dem Jugendlichen ermöglicht, daß er selber Definitionen von Fairneß, Toleranz und Freundschaft entwickelt. D. h. wir können ihm verhelfen, selbstwirksam sich ein moralisches Urteil anzueignen. Es ist wichtig, die komplexen Sachverhalte aufzudecken, um zu einer Argumentationsfähigkeit zu gelangen. Je mehr sich SchülerInnen ihrer Handlungen bewußt werden, je mehr sie sich in andere versetzen können, um so mehr Argumente werden sie zur Verfügung haben, worauf sie ihr moralisches Urteil gründen können. Für die schulische Erziehung ist von besonderer Bedeutung, nicht nur über Konflikte zu reden, sondern unter dem Aspekt der Ganzheitlichkeit durch interaktionales Lernen (z. B. Rollenspiele, Interaktionsübungen, Körperübungen, Bibliodrama) Verhalten zu trainieren.

3. Für den Religionsunterricht schlage ich das **Thema „Sich mit Gewalt durchsetzen?"** vor. In dieser Unterrichtseinheit kann ein Schwerpunkt auf interaktionales Lernen (vgl. Gudjons 1992) gelegt werden: Miteinander reden (Der vierohrige Empfänger, Aktives Zuhören, Gesprächsbarrieren/vgl. Schulz von Thun 1 und 2, 1989) Inzwischen habe ich im Religionsunterricht mit dieser Thematik begonnen.

4. Für meinen Unterricht rege ich zu einer freiwilligen *Selbstbeobachtung* an, um die Aufmerksamkeit zu steigern.

5. Die Mitwirkung aller an der Erziehung Beteiligten (LehrerInnen und Etern) am schulischen Erziehungsprozeß wird oft gefordert. Es ist unter den gegebenen Bedingungen der Schule (ich spreche im besonderen für die Schularten der Sekundarstufe I) aus verschiede-

Selbstbeobachtung im Unterricht	
I = ich habe mich gemeldet X = gemeldet und drangekommen X = LehrerIn anerkennt E = Eigeninitiative (Vorschlag, Frage, …)	Z = Zwischenrufe L = Ich lenke meine MitschülerInnen ab.
Datum 29. 4. 96	I I I X I X L

nen Gründen schwierig, unter den KollegInnen ein Forum des Austausches über schulische Erziehungsfragen zu errichten (vgl. Klassenlehrerkonferenzen, Pädagogische Konferenzen). Noch schwieriger ist es m.E. dieses Forum zu Erziehungsfragen in der Elternarbeit zu finden. Aber gerade hier wäre eine intensive Zusammenarbeit zwischen Eltern und LehrerInnen notwendig. Die Kooperation könnte reichen von einem inhaltlich strukturierten Elternabend (Klassenpflegschaftssitzung) bis zu einem Elternseminar über mehrere Veranstaltungen hinweg. Wichtige Themen sind: *Werteerziehung und Elternintrojekte*, Medienerziehung, Drogenprophylaxe, Veränderungen in der Pubertät, Schulängste, u. a. Es ist schade, wenn Elternabende sich auf Organisatorisches (z. B. Schullandheimaufenthalt) begrenzen und die Anzahl sich auf das vorgeschriebene Minimum.

ANMERKUNGEN

[6] Rendle L. u. a., Ganzheitliche Methoden im Religionsunterricht, München 1996, S. 23

[7] Rendle L. u. a., Ganzheitliche Methoden im Religionsunterricht, München 1996, S. 23

[8] Goleman D., a.a.O., S. 67 f

[9] Höfer A., Heile unsere Liebe, München 1997, S. 27–31

[10] Buber M., zit. nach: Auf die Stimme hören. Ein Lesebuch, ausgewählt und eingeleitet von L. Wachinger, München 1993, Über das Erzieherische S. 45, Gegenseitigkeit und ihre Grenzen S. 161

[11] vgl. Heinemann u. a., Gewattätige Kinder, Frankfurt 1992, 4. Geschlechtsspezifische Aspekte von Aggression und Dissozialität, S. 82 ff

[12] vgl. Grom B., Religionspädagogische Psychologie, Düsseldorf 1981, S. 333 ff
Garz D., Sozialpsychologische EntwicklungstheorienOpladen 1989
Beeli B., Die Entwicklung des moralischen Urteils, in: RL Zeitschrift für Religionsunterricht und Lebenskunde 2/96 S. 8–13

[13] Colby A./Kohlberg L. 1983 zit. nach Garz D. S. 162

2. Von einer(m), die/der auszog, das Lieben zu lernen

Ein gestaltpädagogischer Ansatz für den fächerverbindenden Unterricht Biologie und Katholische Religion

„Unterricht und Erziehung bezeichnen gleichrangige und eng miteinander verwobene Aufgaben der Vorbereitung junger Menschen auf die Bewältigung der Herausforderungen in einer sich rasch wandelnden Welt. Dazu gehört auch die Erziehung zum Dialog zwischen Menschen verschiedener Kulturen. Deshalb geht es in der Realschule sowohl um den Erwerb von Kenntnissen, Methoden und praktischen Fertigkeiten wie auch um die Bildung des Charakters, die Entfaltung emotionaler und schöpferischer Kräfte und um die Ausbildung sozialer, politischer, ästhetischer, ethischer und religiöser Wertvorstellungen und Handlungsweisen. Damit zielt alle Unterrichts- und Erziehungsarbeit darauf ab, den Selbstfindungsprozeß der Schülerinnen und Schüler auf dem Weg vom Kindes- zum Jugendalter zu begleiten und die Gesamtpersönlichkeit zu fördern." (Bildungsplan für die Realschule Baden Württemberg 1994, S. 10)
Die SchülerInnen auf dem Weg zur Selbstfindung zu begleiten, ist eine Heraus-forderung für LehrerInnen – heraus aus den gewohnten Bahnen der einseitig kognitiv orientierten Schule. Was ist hier gemeint mit *Selbstfindung* und *begleiten*. vorläufig läßt sich aus der Sicht der Gestaltpädagogik folgende erzieherische Option formulieren.
Begleiten heißt, ich versuche persönliche Kontakte zwischen den SchülerInnen untereinander und SchülerInnen und LehrerInnen anzubahnen mit dem Wunsch, daß daraus immer wieder persönliche Beziehung erwächst (zu den Begriffen ‚persönlicher Kontakt‘, ‚Ich-Du-Kontakt‘ und ‚persönliche Beziehung‘ vgl. Staemmler 1993).
Mir ist bewußt, daß Beziehungen in der Schule keine therapeutische Beziehungen sein können. Das bei Staemmler entworfene, auf die Arbeit Martin Buber‘s zurückgreifende Verständnis von Person und Beziehung halte ich bedenkenswert für die schulische Erziehung.
Es geht darum, daß ich als LehrerIn dem einzelnen jungen Menschen zu Bewußtheit der gegenwärtigen Kontakte und darüber hinaus zu Bewußtsein seines bis hierher gewordenen Lebens verhelfe mit dem Ziel, daß der Jugendliche *selbstwirksam* sich im Sinne eines Selbstfindungsprozesses verändert.
Damit ist Pädagogik (= Begleiten des Kindes) ein Verhelfen dazu, daß sich der junge Mensch aktiv aus seinen Verengungen und Äng-

sten, die oft Gewaltbereitschaft begünstigen, befreit und fähig wird zum Dialog mit anderen, fähig den anderen in seiner Andersartigkeit zu erkennen und anzunehmen.

Dies ist nicht zu erreichen nur durch Vermittlung von Wissen über …, sondern durch interaktionales Lernen, durch das Verändern der Kontakte und Beziehungen im Klassenzimmer selbst.

Praxis: Der Rosenstock

Praktisches Vorgehen

1. Symbol Rose (1. Stunde)	Rose betrachten und Assoziationen wecken – „Wenn ich an eine Rose denke, denke ich an …"

Rilke, Die Rose (erzählen und besprechen)

Während seines Pariser Aufenthalts ging Rilke täglich um die Mittagszeit in Begleitung einer jungen Französin an einer alten Bettlerin vorbei. Stumm und unbeweglich saß die Frau da und nahm die Gaben der Vorübergehenden ohne jedes Anzeichen von Dankbarkeit entgegen. Der Dichter gab ihr zur Verwunderung seiner Begleiterin, die selbst immer eine Münze bereit hatte, nichts. Vorsichtig darüber befragt, sagte er: „ Man müßte ihrem Herzen schenken, nicht ihrer Hand." An einem der nächsten Tage erschien Rilke mit einer wundervollen, halberblühten Rose. Ah, dachte das Mädchen, eine Blume für mich, wie schön! Aber er legte die Rose in die Hand der Bettlerin.

Da geschah etwas Merkwürdiges: Die Frau stand auf, griff nach seiner Hand, küßte sie und ging mit der Rose davon. Eine Woche lang blieb sie verschwunden. Dann saß sie wieder an ihrem Platz, stumm, starr wie zuvor. „Wovon mag sie die ganzen Tage über gelebt haben?" Rilke antwortete: „Von der Rose!"

Bild 8: S. Köder, Vollendung (Bildbetrachtung), © Sieger Köder, Ellwangen

2. Imagination (2. Stunde)	Der Rosenstrauch[14]
Vorbereitungsphase **Imagination**	Körperhaltung: sitzend/Kopf über dem Arm Augen schließen Entspannung Stell dir vor, du bist ein Rosenstrauch! Was für eine Art von Rosenstrauch bist du (Rosenbäumchen, Rosenstock)? Wo stehst du? Wie ist der Boden? Wie sind deine Wurzeln? Versuche nachzuspüren, wie deine Wurzeln in den Boden reichen! Wie ist dein Sproß, dein Stamm, deine Zweige? Betrachte alle Einzelheiten an deinem Rosenstrauch! Wie fühlst du dich als Rosenstrauch? Wie ist deine Umgebung? Wer wächst neben dir? Welche Pflanzen sind bei dir? Oder stehst du alleine als Rosenstock? In welcher Jahreszeit bist du gerade? Frühling ... Sommer mit vielen Blüten ... oder ist es Herbst und die Blätter fallen? Versuche immer mehr von dir als Rosenstock zu entdecken! Wie empfindest du dein Leben? Laß deine Phantasie verweilen!
Zurückholung	Augen öffnen Arme und Beine strecken sich recken

3. Kreatives Malen (3. Stunde)	mind. DIN A 3/Wachsmalkreiden meditative Musik Anweisung Teile das Blatt in 3 (4) gleiche Teile auf!

Ich als Rosenstrauch unter meinen Geschwistern bzw. Nachbarkindern	Ich als Rosenstrauch unter meinen Klassenkameraden und -kameradinnen bzw. Freunden
Ich als Rosenstrauch mit meinen Eltern	Ich als Rosenstrauch in einer aktuellen Beziehung (Freund/Freundin; Klassenkamerad/in)

Gib deinem Bilder-Zyklus eine Überschrift (Rückseite)!

Im Malen ‚verarbeitet' der/die SchülerIn seine/ihre Probleme
(„Welche Mama soll ich denn zeichnen?")
Situationen der eigenen Lebensgeschichte werden aktualisiert und Gefühle von damals tauchen wieder auf (Trauer, Schmerz ...)
Autonome Körperreaktionen stellen sich nicht ein, wenn die Stufe der Involvierung nicht gezielt provoziert wird.

4. Besprechung
Möglichkeit 1
(4. und weitere Stunden)
	beachten: 1. Freiwilligkeit
	         Niemand darf zu Äußerungen zu seiner Lebensgeschichte
	         gezwungen werden.
	      2. geschützter Raum
	         Suche dir jemand in der Klasse, mit dem/der du über deine Bilder
	         sprechen willst.
	         Du kannst deine Bilder auch für dich noch einmal in Ruhe
	         anschauen. Was kommt dir alles in Erinnerung?

Möglichkeit 2	Wenn in einer Klasse zum ersten Mal in dieser Weise gearbeitet wird, ist es sinnvoll, daß der/die LehrerIn SchülerInnen vor der gesamten Klasse begleitet. Es ist wichtig, daß die Begleitung sehr einfühlsam und schützend ist.

1. SchülerIn sitzt
   auf dem Stuhl
	Prinzip der Freiwilligkeit beachten
	Einleitung der Tiefung: Schließe deine Augen
	                       Entspannung
	                       Atmung (vgl. autog. Training)

2. Zurück zur Imagination	Geh mit deinem ‚inneren Auge' zurück zu deinem Rosenstrauch (RS)! Erzähle, was du gesehen hast, wie du deinen RS gesehen hast! Erzähle in der Ich – Form und in der Gegenwart! Stehst du allein? Wo stehst du (im Garten ...) Kommen Tiere zu Besuch? Welche Jahreszeit ist gerade? Welche Farben?
3. Besprechung der Bilder (Wortbrücken)	(Im folgenden sind einige Impulse formuliert, die aber keineswegs in dieser Reihenfolge gesetzt werden müssen. Der Begleiter läßt sich durch die Aussagen der/s SchülerIn leiten. Auf signifikante Details achten) In welchem Bild taucht etwas von deinem geträumten RS auf? Wenn du deine Bilder anschaust – zu welchem Bild zieht es dich hin? Beschreibe dieses Bild, erzähle! Wo stehst du? Wer ist noch dabei? Wie fühlst du dich als kleiner RS? Wie ist der Boden, auf dem du stehst? Was sagst du als kleiner zarter RS zu ... links/rechts neben dir? Wenn dies das Bild einer anderen Person wäre, was denkst du über diese Person? Es ist eine Person, die ... Was braucht diese Person? Was wünschst du dieser Person? einerseits – andererseits Was magst du zum 2. (3. ...) Bild sagen? Was siehst du alles? Was konntest du in der Klasse, was konntest du nicht? Was hat das Mädchen/der Junge in der Schule erlebt? – im Unterschied von zu Hause – ähnlich wie zu Hause

	Was hat dein Rosenstock in dieser Klasse/Gruppe gelernt?
	Wie kommt es, daß du auf diesem Bild . . .
	Was hast du gelernt an Beziehungen?
	Hat der RS streiten gelernt?
	Setze das Geschwisterbild in Beziehung zum Klassenbild!
	Was ist gleich, was ist anders?
	Erzähle, was der RS alles konnte!
	Was hast du aus dieser Zeit (z. B.Kindheit) hinübergenommen in die Schule?
Abschluß	Was nimmst du mit aus dem 1., 2., . . . Bild?
	(Vertrauen, Solidarität, Durchsetzungsvermögen, Nein-sagen-können, . . .)
	„Eine(r), der/die auszog, das Lieben zu lernen"
	Welchen Titel gibst du deinem Märchen/deiner Geschichte?
Gruppenrunde	Möchtest du, daß die anderen hier zu deinen Bildern etwas sagen?
	Was hat euch berührt?
	Was entdeckt ihr?
	Welche Zusammenhänge sind euch aufgefallen?
	Was möchtest du zu . . . sagen?

Reflexion: Wo sind meine Ressourcen?
Die liebende Beziehung als Voraussetzung

Für die einzelnen Schritte dieser gestaltpädagogischen Arbeit (Phantasiereise, Malen und Besprechung) gelten im wesentlichen dieselben Voraussetzungen und pädagogischen Überlegungen wie in „Der Wald ist nicht gesund" ausgeführt.

Phantasiereise und **Malen** waren in dieser Klasse nicht mit Schwierigkeiten verbunden. Die Klasse ist mit den Methoden der Imagination und des Kreativen Malens vertraut. Unsicher war ich in der Planung hinsichtlich des 4. Bildes „Ich als Rosenstrauch in einer aktuellen Beziehung". Meine Skepsis war unbegründet. Zu keinem Zeitpunkt wurde diese Aufgabe hinterfragt. Manche SchülerInnen sind bei der Besprechung gerne auf ihre aktuellen freundschaftlichen Beziehungen eingegangen. Eine entsprechende einfühlsame Begleitung, die zu freiwilligen Aussagen hilft, ist Voraussetzung.

Wir haben in 2 Unterrichtsstunden **5 Bilderzyklen** miteinander **besprochen**. Ursprünglich wollte ich nach der ersten gemeinsamen Besprechungsrunde, alle waren für das Vorgehen sensibilisiert, nach der Möglichkeit 1 der vorgeschlagenen Besprechung verfahren. Doch die SchülerInnen wünschten einstimmig einen gemeinsamen Stuhlkreis.

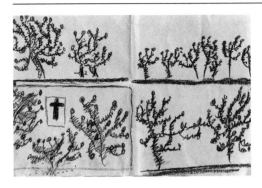

Bild 9: Markus

Die Atmosphäre und das Verhalten der SchülerInnen waren in allen Besprechungen sehr entgegenkommend.

Die Stille und die hohe Aufmerksamkeit aller Beteiligten waren hilfreich.

Um jeweils an die vorhergende Stunde anzuknüpfen, wurden die einzelnen Besprechungsstunden durch Formulierungsbrücken eingeleitet:

Wenn ich an meinen Rosenstrauch denke, dann fällt mir ein (fühle ich, denke ich an, ...)

Wenn ich meinen Rosenstrauch pflegen müßte, würde ich ...

Die freiwillige Beteiligung an diesem Einstieg war sehr erfreulich und zeigte, wie intensiv sich einzelne SchülerInnen mit ihren Bildern auseinandergesetzt hatten.

Was mag da alles in den jungen Menschen vor sich gegangen sein, als Achim von der Trennung seiner Eltern erzählte und daß er seine Mutter nur alle zwei Wochen sehen kann – *Mama, ich hab dich gern, ich möchte mit dir viel öfter zusammen sein. Und zu seinem Papa auf der linken Seite sagte er: Du, Papa, ich brauche dich. Ohne dich könnte ich nicht leben.* (Achim wollte sein Bild mitnehmen, deshalb ist es nicht dokumentiert.)

Markus teilt uns mit, daß er seine Mutter seit der Trennung der Eltern nicht mehr gesehen hat. Äußerst gespannt und aufmerksam hören die MitschülerInnen zu. Wann je zuvor haben wir in dieser Dichte an der Lebensgeschichte eines Mitschülers teilhaben dürfen? Wieviel Möglichkeit zur Realphantasie ist hier uns Zuhörenden geschenkt. „Realphantasie bedeutet, daß ich mir vorstelle, was ein anderer Mensch eben jetzt will, fühlt, empfindet, denkt, und zwar nicht als abgelösten Inhalt, sondern eben in seiner Wirklichkeit, das heißt, als einen Lebensprozeß dieses Menschen."[15] Markus bietet uns für wenige Minuten eine *gegenwärtige Beziehung*, die F.-M.-Staemmler in Anlehnung an Martin Buber als *Ich-Du-Kontakt* bezeichnet. Würde aus diesem Ich-Du-Kontakt eine längerfristige Beziehung zwischen Markus und MitschülerIn /LehrerIn entstehen, könnten wir von einer Ich-Du-Beziehung oder einer persönlichen Beziehung sprechen. Diese Tiefe des Gesprächs konnte ich als Lehrer nicht planen oder gezielt evozieren. Es ist ein Geschenk Markus' – Martin Buber spricht hier von *Mutualität* der Beziehung. Ich kann als LehrerIn/ErzieherIn viel tun, um eine Atmosphäre des Vertrauens zu schaffen. Die Ich-Du-Beziehung bleibt

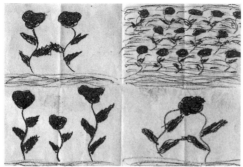
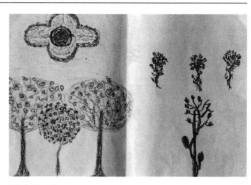

Bild 10: Melanie   Bild 11: Thomas

letztlich ein Geschenk (Buber spricht von Gnade). Von solchen Momenten schulischer Begegnung ,leben' wir als SchülerInnen und LehrerInnen.

Markus ist ein freundlicher, aufgeschlossener Junge. Ich frage mich, wo hat er bei aller schmerzlichen Erfahrung seiner Kindheit lieben gelernt? Viele Aspekte seines Liebes-Lernweges tauchen in seinem Bilderzyklus auf.

Melanie erzählt von ihrer Kindheit, in der sie Zuwendung und Geborgenheit erlebt hat. Auseinandersetzung, Sich – Abgrenzen und Streiten waren Schwerpunkt des Gesprächs in Bild 2 „Ich als Rosenstock mit meinen Geschwistern". Sehr harmonisch erlebt sie die Klassengemeinschaft: *Alle sind gleich, mich kann man nicht direkt erkennen.*

In allen besprochenen Bildern entdecken wir die Bedeutung der Klassengemeinschaft dieser Klasse. Ich kenne die Klasse schon lange und spüre dort selbst Akzeptanz und Geborgenheit.

Auch **Thomas** bringt diesen Aspekt der Klassengemeinschaft ins Gespräch. Auf seinem Bild (rechts oben) sind die MitschülerInnen als Rosenstrauchrabatte ,wohlgeformt' angeordnet. Der wasserspendende Brunnen in der Mitte ist allen zugänglich. Allerdings kam während dieser Besprechungen (noch) nicht zur Sprache, daß einige Schüler (3 Jungen) neuerdings eine gewisse Außenseiterrolle spielen bzw. als Außenseiter ettiketiert werden (z. B. „ihr Streber"). Auffallend ist, daß sich diese Jungen kaum am Unterricht aktiv beteiligen, obwohl sie dies vor der Pubertät freiwillig und ungeniert taten. Ich sah während der Begleitung noch nicht den geeigneten Zeitpunkt, das Gespräch darüber zu eröffnen.

Der Abschluß eines Gespräches endete jeweils mit der Formulierungsbrücke: *Wenn ich an die Geschichte von einem/r, der/die auszog, das Lieben zu lernen, denke, dann fällt mir ein (denke ich an, weiß ich, fühle ich, ...)*

... *daß das ganze Leben Beziehung ist.*
... *Ohne Liebe kann man nicht leben.*
... *bin ich dankbar für die Geborgenheit, die ich erfahren habe.*
... *weiß ich jetzt, wie wichtig ein Klassenzusammenhalt ist.*
... *weiß ich, wie wichtig es ist, den anderen kennenzulernen.*
...

Das Märchen von einem/r, der/die auszog .. hat die theoretische Ebene des Biologieunterrichts, die Sichtweise des von außen Zuschauenden, in ansprechender Weise verbunden mit der *persönlichen Lebensgeschichte* der SchülerInnen. Im Malen und Besprechen der persönlichen Bilder wird all das an Liebe, Anerkennung, Wärme und Geborgenheit, aber auch das Schmerzliche, die Verlassenheit, die Verletzungen, die Trauer *hier und jetzt* aktuell und präsent. Welche Erinnerungen, welche momentanen Erlebnisse in den aktuellen Beziehungen haben die 15-jährigen SchülerInnen ‚angerührt‘?

Auf die eigenen Ressourcen zurückgreifend kann ich als RealschülerIn sagen: Ich bin hier in der Realschule. Auch wenn manches nicht schön für mich war und ich einiges erkämpfen und erstreiten mußte, ich bin hier, weil ich geliebt wurde und werde. Für diese Geborgenheit bin ich dankbar.

ANMERKUNGEN

[14] Höfer A., Gottes Wege mit den Menschen, S. 147
[15] Martin Buber, zit. nach Staemmler 1993, S. 66

3. „Mein Freund Peter ist krank"

Die Bedeutung des Kreativen Malens am Beispiel ‚Mit Jesus unterwegs – die Nähe des Reiches Gottes erfahren'

Religionspädagogische Anfragen

1. Wir leben in einer visuellen Zeit. Jeden Tag werden wir mit einer Flut von Bildern konfrontiert. Auch der Religionsunterricht (ge)braucht Bilder. Die Spannbreite der Überlegungen beim Einsatz von Bildern ist groß: Vom Bild während einer Unterrichtsstunde (der didaktische Ort und der Umgang mit dem Bild wohlüberlegt) bis hin zur Bilderflut als auflockernde Elemente.
Wir brauchen Bilder, weil Texte allein nicht ausreichen, um mit der Glaubenswirklichkeit konfrontieren zu können. *Aber lernen wir dadurch schon sehen, die Wirklichkeit wahrnehmen? Die Sensibilisierung der Wahrnehmung im Sinne von* **Bewußtheit** ist eine wichtige Voraussetzung von religiösem Bewußtsein.

2. Ein ganzheitlich orientierter Religionsunterricht darf nicht auf Bilder verzichten, weil Texte und das gesprochene Wort für ganzheitliches Lernen nicht ausreichen. Die Modalitäten, wie wir Informationen aufnehmen, sind vielfältiger: visuell, auditiv, kinästhetisch, haptisch. Wir neigen auch dazu, ein Repräsentationssystem (O'Connor 1995) zu bevorzugen. Deshalb muß ein ganzheitlich orientierter Religionsunterricht in der Medien- und Methodenauswahl schülerorientiert ausgerichtet sein. Wie gelingt es, inhaltlich Bedeutsames (die Botschaft des Glaubens) so zu vermitteln, daß sich SchülerInnen auf diese Botschaft einlassen und sie nicht als ‚archäologisches' Wissen bestenfalls für die nächste Klassenarbeit lernen? Finden sie sich mit ihrem Leben wieder? *Haben wir also schon ein Augenmerk auf die* **Lebensgeschichte** des einzelnen Schülers gerichtet? Wenn SchülerInnen selbst malen, dann begegnen wir **ihrer** Theologie. Im anschließenden Gespräch kann der einzelne seine Theologie im Spiegel der anderen korrigieren und verändern.

3. Oft erleben wir ReligionslehrerInnen und beklagen, daß SchülerInnen nicht aktiv am RU teilnehmen. Sie rezipieren vielleicht den ‚Stoff' im Hinblick auf die Note. Wo spielt ihre Kreativität

eine Rolle? Zur Kreativität gehört das Neue, Unbekannte, Originelle.

Kreativität ist eine Grundfähigkeit des Menschen, neue Lösungen, Produkte oder Ideen zu schaffen. *Wie leiten wir die SchülerInnen im RU zur* **Kreativität** *an? Wie dürfen sie* **ihren** *eigenen Glauben auf dem Boden des überlieferten Glaubens finden?*

4. Religiosität hat viel mit Sprache und Kommunikation zu tun. Für sich allein kann keiner glauben. Religiöse Erfahrungen machen wir alle in der Beziehung zu anderen. Das heißt, jeder braucht kommunikative Kompetenz (als Schlüsselqualifikation), um über seinen Glauben sprechen zu können. Der RU ist der Raum, wo SchülerInnen religiöse Erfahrungen machen können und dürfen. *Wie gestalten wir diesen religiösen* **Erfahrungsraum** *gegen einen scientistisch orientierten RU? Wie bahnen wir eine* **Kommunikation** *der SchülerInnen untereinander und zwischen SchülerInnen und LehrerIn an, so daß sie authentisch von ihrer Religiosität sprechen?*

5. Welche Bedeutung hat die Person des/r ReligionslehrerIn im RU? Ich erinnere an: Ich-Du-Kontakt, persönliche Beziehung. *Wie gestalte ich als ReligionslehrerIn den Unterricht, um eine* **Ich-Du-Beziehung** *anzubahnen?* Religiöse Fragen sind persönliche und intime Fragen (Sinnfrage, Gewissen und Schuld, Sexualität, Leiden und Sterben, u.a.), sie brauchen deshalb auch eine besondere Beziehung derer, die miteinander darüber reden wollen.

Die Stofffülle der Lehrpläne zeigt, daß primär das Glaubensgut im Blickfeld steht, nicht aber die Situation der Kinder und Jugendlichen. Möglichst viele Aspekte und Themen der Theologie werden in einzelne Lehrplaneinheiten ‚eingepackt'. Das primäre Interesse, das dahinter steht, ist theologisch-systematischer Art und nicht religionspädagogischer Art. Diese vollgepackte theologische Didaktik hindert daran, eine schülerorientierte und damit auch unvollständige, der Entwicklung dieser konkreten Klassenstufe und der Lebensgeschichte des einzelnen SchülerIn ent-*sprechende* Theologie zu entwerfen.

Wir brauchen eine *Verlangsamung der Didaktik*[16], damit eine *Beziehungsdidaktik*[17] den Boden bereiten kann für eine authentische Theologie der SchülerInnen, die allerdings eine vorläufige bleibt. „Für die Sprache der Offenbarung gilt das Pars-pro-toto-Prinzip, d.h. daß sie das ‚Ganze im Fragment' bietet."[18]

Weniges ist viel mehr, wenn es mit allen Sinnen und körperlich begriffen wird.

Seid stets bereit, jedem Rede und Antwort zu stehen, der nach der Hoffnung fragt, die euch erfüllt (1 Petr 3, 15). Die Hoffnung, die mich erfüllt, kann ich nicht überstülpen; ich kann als Religionspädagoge helfen, daß sie jemand für sich entdeckt.

Das Kreative Malen ist nur *eine* Möglichkeit unter vielen, einen schülerorientierten – erfahrungsbezogenen RU zu gestalten. Abbildung 7 zeigt solche Möglichkeiten auf.

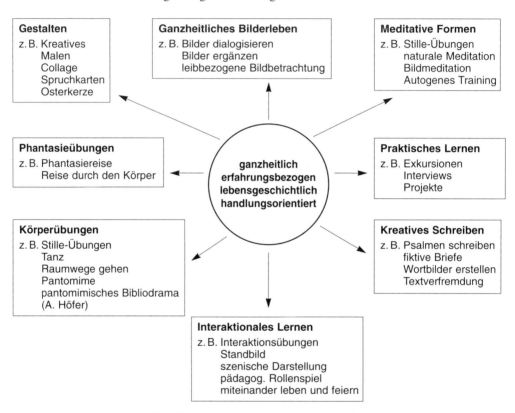

Gestalten
z. B. Kreatives
    Malen
    Collage
    Spruchkarten
    Osterkerze

Ganzheitliches Bilderleben
z. B. Bilder dialogisieren
    Bilder ergänzen
    leibbezogene Bildbetrachtung

Meditative Formen
z. B. Stille-Übungen
    naturale Meditation
    Bildmeditation
    Autogenes Training

Phantasieübungen
z. B. Phantasiereise
    Reise durch den Körper

ganzheitlich
erfahrungsbezogen
lebensgeschichtlich
handlungsorientiert

Praktisches Lernen
z. B. Exkursionen
    Interviews
    Projekte

Körperübungen
z. B. Stille-Übungen
    Tanz
    Raumwege gehen
    Pantomime
    pantomimisches Bibliodrama
    (A. Höfer)

Kreatives Schreiben
z. B. Psalmen schreiben
    fiktive Briefe
    Wortbilder erstellen
    Textverfremdung

Interaktionales Lernen
z. B. Interaktionsübungen
    Standbild
    szenische Darstellung
    pädagog. Rollenspiel
    miteinander leben und feiern

Abb. 7 Ganzheitlich – schülerorientierte Methoden

Zuwendung heilt – Jesus um Hilfe bitten
Integrativer Bibelunterricht

Die Zielformulierung dieser Lehrplaneinheit „Mit Jesus unterwegs – Die Nähe des Reiches Gottes erfahren" unterstreicht unser didaktisches Anliegen. Die Evangelien bieten Identifikationsmöglichkeiten: Jesus ist mit jedem einzelnen von uns unterwegs. Es geht in dieser Unterrichtseinheit nicht nur um die Frage ‚Wie hat sich Jesus *damals* seinen Mitmenschen gegenüber verhalten und wie und welches Heil hat er ihnen verkündet', sondern in erster Linie um die Frage 'Wie können SchülerInnen *heute* diese Heil – ung erfahren. Der Lehrplan unterstreicht in dieser Lehrplaneinheit in allen inhaltlichen Schritten durch die präsentische Formulierung, daß Heil *hier und jetzt* erfahrbar sein kann: Begegnung verändert Menschen; Zuwendung heilt; Einander annehmen; Einander nicht im Stich lassen; Es ist nicht alles aus. Diese didaktische Sichtweise will auch ein Wissen über das Wirken Jesu damals, mehr noch ein Sich-auf-den-Weg-Machen initiieren. Dieses Heil ist hier unter uns Menschen wenigstens ansatzweise erlebbar, wenn wir es wollen. Wie aber gelingt es uns, die Ebene des *Hier und Jetzt* im Unterricht anzubahnen?

Der Frage ‚Wie Kinder von Jesus sprechen' im Sinne eines Schemas unter entwicklungspsychologischem Aspekt kann in dieser Arbeit nicht näher nachgegangen werden. Büttner und Rupp[19] reflektieren diese Frage auf der Basis entwicklungspsychologischer Konzeptionen (Piaget, Oser, Fowler).

Würde etwa ein Schnelldurchlauf durch viele Gleichnisse und Wundererzählungen unter historisch – kritischer Fragestellung das Leben der SchülerInnen erreichen? Erst das Verweilen bei einer einzelnen Perikope und ein Durchdringen der Botschaft unter verschiedenen Zugangsmöglichkeiten, wie sie ein *integrativer Bibelunterricht* anvisiert, kann den einzelnen in seinem Leben hier und jetzt treffen. Das Wort Gottes als Inhalt gestaltpädagogischer Bibelarbeit soll auf dem Weg der Transformation vom ‚Heilsereignis

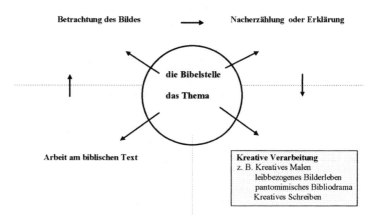

Abb. 8: Vier Elemente gestaltpädagogischer Bibelarbeit

einst' zum Hörer des Wortes heute einen ‚Gestaltwandel' durchlaufen. Für diesen Weg der Transformation nennt Höfer vier wichtige Elemente. Das vorliegende Beispiel „Mein Freund Peter ist krank" greift den Aspekt **Kreative Verarbeitung** auf. Die konkrete Vorgehensweise wird auf den folgenden Seiten dargestellt.

Praxis: Kreatives Malen und ganzheitliches Bilderleben

Praktisches Vorgehen Folgende Übersicht nennt Methoden, die besonders geeignet sind, mit Bildern so umzugehen, daß der Weg der Transformation ins Heute der SchülerInnen ermöglicht wird.

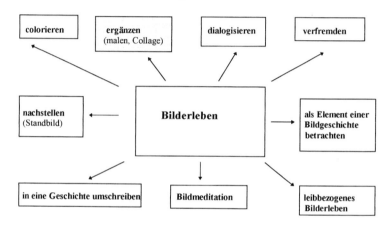

Abb. 9: Möglichkeiten des Bilderlebens

Die nachfolgend skizzierten Unterrichtsstunden erfolgten am Ende der Unterrichtseinheit ‚Mit Jesus unterwegs'. Die SchülerInnen waren bereits vertraut mit dem methodischen Vorgehen des Kreativen Malens.

Der äußere Rahmen
Zu Beginn der Unterrichtsstunde richten alle SchülerInnen ihren Arbeitsplatz her. Jede/r sollte ausreichend Platz haben. Alles, was nicht gebraucht wird, wird in die Schultasche gepackt. Die Wachsmalkreiden werden so verteilt, daß alle Zugriff haben, ohne den Platz verlassen zu müssen.

Material
DIN A 3 und Wachsmalstifte
meditative Musik unterstützt die Stille und Konzentration, die für Kreatives Malen notwendig ist.

Anweisung	Du hast in den vergangenen Unterrichtsstunden viel von Jesus gehört. Und du hast jetzt sicher eine Vorstellung von Jesus. Wie ist er? Wie handelt er? Wie geht er mit Menschen um? Ich gebe dir ein Bild von Oskar Kokoschka (1945). Dieses Bild zeigt Jesus, wie er sich vom Kreuz herab Menschen zuwendet. Ich habe das Bild so verändert, daß die Menschen nicht mehr zu sehen sind. Wem würde sich deiner Meinung nach Jesus heute zuwenden? heute – jetzt – in deiner Umgebung, Familie, Stadt Ergänze das Bild! Es gibt nichts Falsches oder Richtiges. So wie du malst, ist es gut. Es ist etwas Wichtiges und Wertvolles von dir. Bewahrt die Stille, sprecht nicht während des Malens! Du brauchst das Bild nachher nicht vorzeigen, wenn du es nicht willst. Gib deinem Bild eine Überschrift, schreibe sie auf die Rückseite.
Gestaltung	Es ist vorteilhaft, wenn der/die LehrerIn selbst malt. Auf keinen Fall sollten Sie herumlaufen, den SchülerInnen zuschauen oder Kommentare geben.

Das Originalbild kann in einer der nächsten Stunden besprochen werden.[21]

Besprechung

1. Die bemalten Blätter werden umgedreht auf einen Tisch gelegt. (Grundsätzliches)
   Wer sein Blatt nicht abgeben möchte, darf es behalten. In einer weiteren Stunde können sich Kleingruppen bilden (Prinzip der Freiwilligkeit und geschützter Raum).
2. Wir bilden einen Stuhlkreis. Ist das Klassenzimmer mit Teppichboden ausgestattet, können wir auch auf dem Boden sitzen.
3. Es ist nur jeweils das Bild zu sehen, das gerade besprochen wird.

Bild 12: Orginalbild (Oskar Kokoschka, Christus speist die hungernden Kinder, 1945), © VG Bild-Kunst, Bonn 1998

Bild 13: veränderte Vorlage

4. Wer auf den Frageimpuls etwas sagen will, darf das unaufgefordert tun. Nach einer kurzen Pause spricht der/die nächste SchülerIn.

5. Wir achten darauf, daß die Beiträge nicht-wertend sind; wertende Beiträge werden zurückgewiesen.

6. Der/die LehrerIn achtet darauf, daß der Besprechungsweg eingehalten wird. Diskussionen sollen vermieden werden.

7. Bei der Besprechung des Bildes braucht sich der/die SchülerIn nicht zu erkennen geben. Wer das aber möchte, kann das gerne am Schluß der Besprechung tun und uns über sein Bild erzählen.

<u>Besprechungsweg</u>

1. Ich sehe ... (in der Mitte des Bildes einen Jungen. Er hat eine grüne Hose.)

Ich sehe nicht ... (Ich sehe keinen Himmel/Es sind keine anderen Menschen da.)

In dieser ersten Runde werden die SchülerInnen sensibilisiert, genau hinzuschauen. Durch die äußere Wahrnehmung wird der Prozeß der Bewußtheit ermöglicht.

2. Als ... *fühle ich* (Als dieser Junge fühle ich mich allein. Einsamkeit, Trauer, Wut, Ärger, ...)

3. Das Kind sagt gerade ...

Jesus sagt zu ...

4. Ich wünsche dir ... (Ich wünsche dir, kleiner Junge, daß du ...)

Es ist hilfreich, immer wieder Formulierungshilfen anzubieten.

5. Erzähle, wenn du willst, was du gemalt hast!

Anschließend kann ein Gespräch mit der Klasse stattfinden.

Reflexion: Die biblischen Erfahrungen von einst werden ins Heute transformiert

Benni's Bild liegt oben. Viele Details fallen den SchülerInnen auf. Immer wieder muß ich Hilfe leisten zur Formulierung: Ich sehe auf dem Bild ..., Ich sehe nicht ...

Ich fühle mich verlassen; ich fühle mich einsam; ich bin ganz allein – Diese Formulierungen vieler SchülerInnen zeigen, daß dies ein signifikantes Detail ist. Welche Erinnerungen kommen wohl den einzelnen SchülerInnen während dieser Phantasien. Was bedeutet es, einsam und verlassen zu sein? Welche Gefühle habe ich schon erlebt in der Situation der Einsamkeit und Verlassenheit? Wo spüre ich diese Angst in und vor der Einsamkeit. Welche Einsamkeit erlebe ich vielleicht jetzt?

Bild 14: Benni   Bild 15: Liesa

Jesus reicht dem Jungen die Hand; Jesus sagt: Komm zu mir her, ich helfe dir. Die Beziehung zu Jesus wird eine gegenwärtige. Er ist nicht mehr der historisch-biblische allein, sondern der gegenwärtige, helfende Jesus.
Ich wünsche dir, kleiner Junge, daß du dich nicht mehr allein fühlst. Ich wünsche dir, daß Jesus dich ganz fest hält. Ich wünsche dir, ...
Benni erzählt uns von seinem Freund Peter, der mit gebrochenem Arm im Krankenhaus liegt. Ausführlich spricht er von einem Fahrradunfall und von den großen Schwierigkeiten, die Peter hat, weil er alleine – von seiner Familie getrennt – im Krankenhaus bleiben muß. Jeden Tag besucht er ihn.
Am Ende dieser ersten Besprechungsrunde lade ich die SchülerInnen ein, ein Gebet zu sprechen.

Das nächste Bild zeigt einen Kinderwagen und ein Grab. Liesa beschäftigt sich, wie sich nach der Bildbesprechung herausstellt, intensiv mit dem Schicksal eines Neugeborenen in der Verwandtschaft. Alles deutet darauf hin, daß das kleine Kind aufgrund einer

Krankheit bald sterben wird. Zur gleichen Zeit ist ihr Opa gestorben. Wie mag es Liesa wohl ergehen? Wie verkraftet sie den Schulalltag? Tod und Sterben sind ihr Thema. Und sie läßt uns alle an ihren Anfragen an das Leben teilhaben. Sie formuliert selbst auf ihrem Blatt: Bitte Jesus, laß das Baby nicht sterben! Paß auf Opa auf, ich möchte ihn wiedersehen! Hier sind auf einfache verständliche Weise unsere Fragen und Nöte formuliert: Krankheit, Leiden und Tod sind Grenzen unseres menschlichen Lebens, die uns hilflos machen. Und es gibt eine Antwort: Jesus.

Welche von Erwachsenen formulierte Theologie kann das je so nahe bringen, wie die SchülerInnen dies hier unter Begleitung selbst tun. Es ist kein schulmeisterlich-aufgepropfter, wohl formulierter und ins Heft diktierter theologischer Text, aber die SchülerInnen sind betroffen.

In einer abschließenden *leibbezogenen Bildbetrachtung*[22] sollen die SchülerInnen den Kontakt zu diesem Bild noch ganzheitlicher, leibbezogener gestalten:

Strecke deine linke Hand aus und umfahre Jesus! Zeichne ihn mit dem Zeigefinger nach! Tu es öfters, bis du dir den Umriß merken kannst! Graviere nun diesen Umriß in deine rechte Handfläche ein! . . .

Und nun strecke deine rechte Hand aus und umfahre das Baby! Tu es noch einmal! Graviere diesen Umriß in deine linke Handfläche! . . . Schließe die Augen und bringe deine Handflächen langsam zusammen!

Diese Beispiele zeigen, daß Kinder und Jugendliche durch den Selbstausdruck im kreativen Malen einen besseren Kontakt zu sich selbst, zu den verschiedenen Ebenen ihres Seins entwickeln. Sie entfalten dadurch ihre selbstunterstützenden Kräfte (self-support).

Erkläre mir, und ich werde vergessen.
Zeige mir, und ich werde mich erinnern.
Beteilige mich, und ich werde verstehen.[22]

Die Bedeutung des Kreativen Malens

👍 **Gestalten bereitet Freude.**
Aktivität statt passives Rezipieren

👍 **Meine Wahrnehmung wird sensibilisiert.**
Der Prozess der Bewusstheit wird initiiert.

👍 **Malen ist kreatives Neu-Schaffen.**
Förderung von Phantasie und Kreativität

👍 **Das Unterrichtsthema wird zu meinem Thema.**
Bewusstes/unbewusstes Einbringen der Lebensgeschichte

👍 **Wir machen hier und jetzt Erfahrungen.**
Anbahnung von Glaubenserfahrung und -kompetenz

👍 **Wir nehmen Kontakt zueinander auf.**
Die Beziehungen werden gestärkt, Selbstvertrauen wächst.

👍 **Wir lernen ganzheitlich in einem angemessenen Tempo.**
Personale Intelligenz (kognitive, emotinale, soziale, leibliche)

ANMERKUNGEN

[16] Hilger G., Für eine Verlangsamung im Religionsunterricht, in: KatBl 1/1994
[17] Bönsch M., Unterrichtskonzepte. Studien zur Allgemeinen Didaktik, Baltmannsweiler 1986
[18] Höfer A., Gottes Wege mit den Menschen 1993, S. 16
[19] Büttner G./Rupp H., Wie Kinder von Jesus sprechen. Empirische Christologie, in: entwurf 1/96. Religionspädagogische Mitteilungen, Hg. von der Fachgemeinschaft evangelischer Religionslehrerinnen und Religionslehrer in Württemberg e.V., Stuttgart
vgl. dazu Eine Unterrichtsreihe mit allen Sinnen für GrundschülerInnen ,Dem Traum Jesu auf die Spur kommen' – Reich Gottes für Kinder, in: Oberthür R., Kinder und die großen Fragen, München 1995, S. 121–136
[20] vgl. F. W. Niehl, Damit uns die Augen aufgehen 1994
[21] vgl. „zur Aneignung von Bildern" Höfer A. (1993), S. 28
[22] Höfer A., Gottes Wege mit den Menschen, München 1993, S. 28–29

Psalmenschreiben am Beispiel ‚Jesus Christus' – Psalmen schreiben hat heilende Kraft

Die Bedeutung des Psalmenschreibens

Die Abb. 2 Defizitäre Situation unserer Kinder S. 20 zeigt im Überblick, daß es viele Kinder und Jugendliche in unserer Zeit schwer haben. Das beginnt beim Zusammenbruch ihrer heilen Welt durch die Trennung ihrer Eltern – ich unterrichte in Klassen „wo ich z. T. mehr als zehn Scheidungswaisen antreffe – und endet aus dem Blickfeld der Sekundarstufe gesehen in der Orientierungslosigkeit vieler Schulabgänger, weil sie keinen Ausbildungsplatz finden. Manchmal empfinde ich das zum Himmel schreiend, was Kinder alles erleben und ertragen müssen. Da sitzt der kleine Jens in der 5. Klasse – von seiner Mutter einst zur Adoption weggegeben, die Adoptiveltern trennten sich nach wenigen Jahren, Jens landet so in einem Kinderheim. Jetzt fällt er häufig durch aggressives Verhalten auf, fährt manchmal einfach mit dem Zug weg und „bringt die ganze Klasse durcheinander". Zugegeben ein extremes Beispiel. Doch was hinter den ganz stillen und aggressiven Kindern oft steckt, erkennt man erst beim genauen Hinsehen und intensiver Begleitung. „Unbewältigte Ängste, das wissen wir, setzen Metastasen im Unbewußtsein; wenn es normal abläuft, entladen sie sich in Aggressionen, wenn es schlimmer kommt, wächst daraus Depression. Ich habe noch nie so stark das Gefühl der Bedrohung einer ganzen Generation durch eine sichtbar heraufziehende Depression gehabt wie beim Anblick dieser Kinder."[23] Baldermann versucht über die Psalmen eine Sprache zu finden für diese Angst und Verzweiflung. Er fordert eine verstärkte emotionale Erziehung in der Schule. Und Emotionen sind nicht über rational vermittelte Einsichten und Appelle zu erreichen und zu formen.[24]

Der Psalm beginnt mit einer Anrede, in der sich der Beter an Gott wendet: Höre, o Gott! Gott, komm herbei! Oft ist dieser Anruf ein Hilfeschrei. Anschließend schüttet der betende Mensch sein Herz aus und klagt Gott sein Leid: die Feinde, die ihn bedrängen, seine Einsamkeit und Verlassenheit und die Situation, daß Gott ihm so fern ist. Nach der Klage erfolgt die Zuversicht, daß Gott zuhören wird. Und dann formuliert der Beter seine Bitte.

„Das Bedeutsame an diesen Psalmen ist, daß wir es nicht nur mit Literatur zu tun haben, sondern mit dem Niederschlag von Erfahrung und mit dem Ausdruck einer echten Glaubensgeschichte. Diese Geschichte ist dadurch gekennzeichnet, daß sich in ihr etwas ereignet hat. Es ist eine Verwandlung eingetreten, die Geschichte des Glaubens hat einen Prozeß durchgemacht."[25]

Die Beter haben ihre Klage selbst im heiligen Zelt vorgetragen, und die Priester hörten diese Klage an und sprachen ihnen ein Trostwort zu. Die Klage ist eine ursprüngliche Weise menschlicher Mitteilung. Wer Not leidet, kann von seinem Schicksal fast erdrückt werden, so daß er darunter verstummt. Er kann aber auch sein Leid hinausschreien. Dadurch unterbricht der leidende Mensch seine Einsamkeit. In der Klage wendet sich dieser Mensch an einen Zuhörer. Der Klagende will, daß man ihn höre, ihn ernst nehme und seine Situation verstehe. Wir erfahren vom Psalmbeter nicht „welches Leid er zu tragen hat, aber meistens, daß er einsam und verlassen ist. Seine Beziehungen sind gestört. Er spricht von „Feinden" und meint, daß seine Geborgenheit gefährdet ist, daß er nicht mehr gehalten und getragen wird. Der Klagende erfährt sein Leid gerade im Fehlen der Mitmenschlichkeit. Und in dieser Erfahrung entdeckt er zugleich, daß ihm auch Gott fern ist. Er interpretiert seine Einsamkeit als Abwesenheit Gottes. Der Schrei im Gebet ist ein Klammern an eine Hoffnung. Der Klagepsalm wendet von der Klage zu Zuversicht und Lob. Höfer vergleicht die Schritte eines Klagepsalms mit dem Prozeß des Therapieverlaufs. Der Klient wendet sich an den Therapeuten mit der Bitte um Hilfe. Er darf seine Masken ablegen und seine Klage vortragen. Der Klagende wird vorbehaltlos angenommen und in seinem Suchen nach Heilung unterstützt.

Auch der (Religions)-Unterricht kann helfen. „Im Unterricht kann also auch durch den „Lernstoff" Heilung vermittelt werden, wenn die biblischen Zeugnisse von der hilfreichen Nähe Gottes erlebnisgerecht und lebensgesättigt vermittelt werden."[26]

Das Ich eines Psalms war ursprünglich eine bestimmte Person. Wenn wir Psalmen beten, identifizieren wir uns meistens mit dem Psalmenbeter und füllen die Worte mit unseren Erfahrungen. Das kann man bewußt machen, wenn wir Psalmen sprachlich verändern und sie so zu unseren machen, z. B. durch Ersetzen von ‚Feinde' durch ‚Probleme'.

Im vorliegenden Unterrichtsbeispiel gehen wir von einem Bild aus (Sieger Köder, Jesus rettet) und verwandeln dieses in einen persönlichen Psalm. Wir übernehmen das Schema des Klagepsalms (Anrede – Klage – Zuversicht – Bitte/Dank/Lobpreis). Das setzt voraus, daß wir bei der Bildbetrachtung eine Identifikation mit einer biblischen Person ermöglichen. Die SchülerInnen schreiben in der Ich-Form. Es ist erstaunlich, wie die persönlich bedeutsame Erfahrungen in die Psalmen Eingang finden und dort verarbeitet werden. Oft merken SchülerInnen dies selbst und wollen ihren Psalm deshalb auch nicht vortragen. Sie sollten auf keinen Fall dazu gezwungen werden, genausowenig sollten Rechtschreibfehler im Psalmtext korrigiert werden.

Praxis: „Jesus, ich habe dich unterschätzt." – Ganzheitliches Bilderleben und Psalmenschreiben zum Thema „Christusbekenntnisse im Neuen Testament (Mk 4, 35-41)"

Praktisches Vorgehen   <u>Material:</u> DIN A 4 Blatt, meditative Musik, Tageslichtprojektor

Menschen haben Angst		
Einstimmung	Bildimpuls	Angst
Erarbeitung		Formulierungsbrücken 1. Menschen haben Angst vor ... Krieg, Versagen, Tod, Ungerechtigkeit, Krankheit, Katastrophen, Streit, Dunkelheit, Einsamkeit, Umweltzerstörung, Wahrheit, Zukunft, sozialem Abstieg, Mitmenschen usw.
		2. Ich habe Angst, daß ... ich versage, ich ausgelacht werde, ich nicht versetzt werde, ich keinen Beruf finde, meine Eltern sich scheiden lassen, ...
Zusammenfassung		Alle Menschen haben Angst. Ängste sind verschieden. Angst macht unsicher, vorsichtig, handlungsunfähig, manchmal krank. Ängste haben verschiedene Ursachen.

| Vertiefung | Ganzheitliches Bilderleben[27] Sieger Köder, „Jesus rettet uns" | |

Anregungen

1. Was siehst du alles? (nicht deutend)
2. Was fällt die besonders auf? (fokussieren)
3. Welche Person spricht dich besonders an? (Beziehungsaufnahme)
4. Wenn diese Person sprechen würde, was würde sie gerade sagen? (Kreativität, Realphantasie)
5. Gib dem Bild eine Überschrift! (Thematisierung)

Das, was das Bild aussagt, wird mit dem, was es in den SchülerInnen auslöst, verknüpft.

Bild 17: Sieger Köder, Jesus rettet uns[28], © Sieger Köder, Ellwangen

Textarbeit	LehrerIn liest vor anschließend szenisches Lesen (Welche Personen sprechen?)	Mk 4, 35-41
Identifikation[29] (2. Stunde)		Betrachte das Bild nochmals in Ruhe für dich! Überlege, welche Person auf dem Bild du bist (z. B. der Wasserschöpfer, der Ruderer, der um Hilfe Rufende)!
	Leibbezogene Bildbetrachtung	Strecke deine rechte Hand aus und umfahre diese Person mehrmals, bis du dir den Umriß merken kannst! Graviere nun diese Person in deine linke Hand ein! Verfahre genauso mit der linken Hand und graviere Jesus in deine rechte Hand ein! Schließe die Augen und bringe beide Handflächen zusammen!

Psalmen schreiben	Anweisung:
	Wenn du dich entschieden hast, welche Person du auf dem Bild bist, schreibe einen Psalm! Folgende Einteilung kann dir helfen (Tafelanschrieb): Schreibe in Ich-Form! Niemand muß nachher vorlesen!
	1. Ich bin der Jünger mit ... Ich sitze ... (Auf dem Bild bin ich ... Was tue ich?)
	2. Ich fühle mich ... Ich habe ... (Angst, Wut, ...) Ich bin ... (enttäuscht, ...) Schreibe deine Gefühle, die du als ... hast.
	3. Du aber Jesus, du ...
	4. Gebet (Lobpreis, Bitte, Dank) Jesus, ich ...
meditative Musik Stille	Es empfiehlt sich, wenn der/die LehrerIn selbst schreibt.
Besprechung	Möglichkeit 1: Stuhlkreis Einzelne SchülerInnen lesen ihren Psalm vor (freiwillig). Möglichkeit 2: Kleingruppe Suche dir jemand, mit dem du deinen Psalm besprechen möchtest! Auf keinen Fall sollte der Psalm kritisiert und korrigiert werden. Die Zuhörenden nehmen den Psalm auf und begleiten den ‚Psalmisten' im Sinne einer Realphantasie.

Schülerbeispiel
(Harald, 17 Jahre, Klasse 10 Realschule)

Harald ist ein engagierter Schüler. Er arbeitet mündlich sehr gut mit und bekennt sich oft im Unterricht zu seiner Kirchlichkeit (Ministrant).

Ich rudere verzweifelt gegen die Wellen an. Ich setze meine ganze Kraft ein. Mein Ruder ist abgebrochen und es schwimmt davon. Trotzdem versuche ich, mit dem Rest noch weiter zu rudern, obwohl es nicht mehr geht. Ich bin völlig durchnäßt.

Ich bin verzweifelt. Ich habe Angst, mir könnte etwas passieren. Ich fühle mich schuldig, da das Ruder abgebrochen ist. Habe ich versagt? Bin ich schuld, daß die anderen auch sterben? Ich fühle mich alleingelassen und hoffe auf Hilfe. Es geht nicht mehr lange, dann bin ich fertig. Ich fühle mich so elend. Ich habe keine Kraft mehr, muß aber trotzdem weiterrudern. Es soll doch nicht an mir liegen, daß das Schiff Gemeinde untergeht.

Du aber Jesus sitzt schlafend im Eck und merkst nicht, was um dich passiert. Woher hast du diese Ruhe? Woher weißt du, daß nichts passieren kann? Du machst dir nichts aus der Situation, weil du weißt, daß uns nichts passieren kann.

Jesus, ich habe dich unterschätzt. Ich danke dir für deine große Unterstützung und Hilfe.

Gebe mit bitte weiterhin die Kraft, weiter so zu leben, daß ich nicht meine, ich sei nicht wichtig.

Gib mir weiterhin eine Hilfestellung für mein weiteres Leben.

Ich bin kein Versager. Andere Menschen brauchen mich. Ich bin nicht unwichtig. Gib auch anderen Menschen die Kraft, ihr Leben zu leben, und sie sollen nicht meinen, sie seien unwichtig.

Hilf auch mir, andere Menschen zu unterstützen und ihnen in schweren Situationen zu helfen.

„Es soll doch nicht an mir liegen, daß das Schiff Gemeinde untergeht." Zum Zeitpunkt des Psalmenschreibens wurde noch nicht über die verschiedenen Bedeutungsebenen dieser Perikope (vgl. meditative Gedanken zur Perikope) gesprochen. Harald selbst hat die Situation des sinkenden Schiffs auf seine Situation in seiner Gemeinde bezogen. Möglich ist auch, daß er in der Ministrantenstunde über solche Zusammenhänge gesprochen hat. Seine Gedanken zeigen, daß er dieses Bild und diese Perikope auf sein Leben bezieht. Er arbeitet und tut, was er kann, und doch droht, das ‚Schiff' Gemeinde zu sinken. Was traut er diesem Jesus zu? Was traut er ihm hinsichtlich der schwierigen Situationen, in die Menschen geraten können, zu? Seine Bitte am Schluß seines Psalmes zeigt, daß er Mut faßt, daß er von seiner Wichtigkeit überzeugt ist. Gestaltpädagogisch gesprochen: Die Waagschale des expansiven Pols neigt sich. Er will weiterhin aktiv mitarbeiten. Die ganzheitliche Bildbetrachtung und das Kreative Schreiben haben ihn bestärkt, selbstwirksam zu sein, zu handeln.

Meditative Gedanken zu Mk 4, 35-41

Das Meer,
die Wellen,
aufgepeitscht,
das Wasser steht ihnen bis zum Hals.
Wer kann da noch Kurs halten?
Angst
Ratlosigkeit
Erschrecken
verzweifeltes Agieren

Kümmert es dich nicht, daß wir zugrunde gehen?

Das ist das Leben der Menschen.
Mein Leben
Welche Wellen bedrohen mein Leben?
Der Tod eines nahen, geliebten Menschen:
Warum ist Opa so bald gestorben?
Eine Krankheit, die die Selbstverständlichkeit des Lebens radikal in Frage stellt,
die Beziehungslosigkeit, die jede Hoffnung nimmt:
Meine Eltern haben sich getrennt.
Das ständige Nieder-Gemacht-Werden,
das Versagen trotz großer Anstrengungen:
Ich weiß nicht, ob ich das Klassenziel erreiche.
Die Einsamkeit:
Warum fallen sie dauernd über mich her?
Meine Verzagtheit, die keiner kennt, weil ich meine Fassade aufrecht erhalte:
Ich lasse mir nichts anmerken.

Kümmmert es dich nicht, daß ich zugrunde gehe?

Ich fürchte diese Wellen,
und manchmal könnte ich resignierend aufgeben,
schreien vor Angst,
mutlos und ohne Zuversicht,
mitten im tobenden Meer des Lebens.

Und du, Herr, du schläfst!

Warum habt ihr solche Angst?
Ich habe Angst,
den Boden zu verlieren,
haltlos leben zu müssen,
ohne Richtung und Sinn.
Angst vor dem Abgrund,
vor der Zukunft,
vor der Einsamkeit,
vor Krankheit und Tod.
Angst,
daß du gehst,
daß du sagst: Ich will nicht mehr!
Warum habt ihr solche Angst?
Warum habt ihr das Gefühl des Allein-Gelassen-Seins?
Verlassen von Gott und den Menschen?

Warum hast du Angst?
Hast du noch keinen Glauben?

Ja, Herr,
es ist mein Kleinglaube, meine Verzagtheit,
die Angst, die entscheidet, wie sehr das Meer in mir tobt.
Und es ist allein der Glaube, der hilft,
das Vertrauen auf dich, Herr.

Reflexion: Die biblische Botschaft und meine Lebensgeschichte

Es geht in dieser Perikope nicht nur um den Hinweis auf den wunder-
mächtigen Christus, sondern auch um die Glaubenswerdung des einzelnen. Reifer Glaube, das Sich-Bejaht-Wissen auch angesichts von
Leid, Schuld und Tod, ist durch alle chaotischen Meere des Lebens hin-
durch fähig zum Lobpreis Gottes, der von sich sagt: Ich bin der Ich-bin-
da. Kann solches Vertrauen nicht den Sturmwinden Einhalt gebieten?

Vielleicht stecken solche Erfahrungen hinter dieser Perikope, wenn wir bedenken, daß sie in der Zeit der Christenverfolgung unter Nero oder Domitian entstanden ist. Wir können die Angst und die Not der Menschen verstehen.

Welche Bedeutung hat ein Religionsunterricht für die Kinder und Jugendlichen, wenn er sich nicht nur als Wissensvermittlung versteht, sondern unter dem Blickwinkel ‚Primat der Beziehung' auf die Lebensgeschichte der einzelnen eingehen will?

Folgendes Schülerbild einer 10. Realschulklasse zeigt, wie hautnah Jugendliche während des Unterrichts biblische Botschaft und Lebensgeschichte zusammenbringen, wenn sie in vertrauensvoller Atmosphäre (vgl. Didaktik der Beziehung) mit Hilfe ganzheitlicher Methoden lernen.

Diese Arbeiten sind während einer Unterrichtsstunde nach folgender Anweisung entstanden. Innerhalb der Lehrplaneinheit suchten wir zuerst einen lebensgeschichtlich orientierten Zugang zu dieser Perikope, eine historisch-kritische Auseinandersetzung folgte.

Anweisung:

1. Betrachte noch einmal das Bild von Sieger Köder „Jesus rettet uns"! Es zeigt Menschen in einer Notsituation. Sie haben Angst. Eine Situation, die jeder Mensch erfahren kann.

2. Schließe deine Augen und überlege! Kennst du solche Angst-Situationen? Laß die inneren Bilder an dir vorbeiziehen! Welche Situation aus deinem Leben fällt dir ein? Welche Menschen in deiner Umgebung (Familie, Schule, Freunde, ...) erleben gerade eine solche Situation?

3. Welche Person auf dem Bild „Jesus rettet uns" bringt diese Angstsituation aus deiner Erfahrung für dich am besten zum Ausdruck?
   Übermale das Bild so, daß diese Angstsituation im Mittelpunkt steht!
   Du kannst Wachsmalstifte, Filzstifte oder Dispersionsfarben verwenden.
   Du kannst passende Worte, Sätze oder Zitate mit Stiften ins Bild schreiben.

4. Schreibe unten an den Bildrand oder auf ein Blatt deine Gedanken zur Angstsituation in Ich-Form!

Bild 18: (Thomas, 16 Jahre)

Ich habe Angst zu versagen. Ich werde mit dieser Situation nicht mehr fertig.

4.1 „Denn sie haben mir ohne Grund ein Netz gelegt"

**Einen Klagepsalm verfassen am Beispiel
‚Wir leben miteinander – Konflikte fair austragen'** [30]

In dieser Unterrichtseinheit geht es vor allem darum zu lernen, was einerseits Gespräche stört und unmöglich macht und welche Gefühle wir dabei haben (Verbalisieren emotionaler Erlebnisinhalte) und was andererseits Gespräche ermöglicht.

Das Schülerbeispiel zeigt, daß SchülerInnen in dieser Altersstufe der beginnenden Pubertät durchaus in der Lage sind, ihre emotionalen Erlebnisinhalte, ihre Verletzungen zu artikulieren und in einem Psalm, d. h. in einem Gebet vor Gott zu tragen.

Praxis: Psalmenschreiben

Praktisches Vorgehen   <u>Material:</u> DIN A 4 Blatt, meditative Musik, Tageslichtprojektor

---

Einen Klagepsalm verfassen

– Alle, die mich sehen, verlachen mich, verziehen die Lippen und schütteln den Kopf. (Ps 22, 8)
– Ich bin hingeschüttet wie Wasser. (Ps 22, 15)
– Vernimm mein lautes Schreien. (Ps 5, 3)
– Denn sie haben mir ohne Grund ein Netz gelegt. (Ps 35, 7)
– Doch als ich stürzte, lachten sie und taten sich zusammen. (Ps 35, 15)
– Beim Herrn finde ich Zuflucht. (Ps 11, 1)
– Du hast mein Klagen in Tanzen verwandelt. (Ps 30, 12)
– Doch auf dich, Herr, hoffe ich; du wirst mich erhören. (Ps 38, 16)

Wähle aus den vorgegebenen Psalmversen aus und verfasse einen eigenen Psalm!
Du kannst mit folgender Hilfe einen Psalm in drei Versen schreiben.

---

1. Ich bin ... (Situation)
   Ich fühle mich ... (einsam, verlassen, enttäuscht, ...)
   Ich habe ... (Angst, Kummer, ...)
   Ich schreie, flehe, klage, rufe, ...

2. Du aber Gott/Jesus, du kennst mich ...
   du hast ...
   du ...

3. Gott/Jesus, ich bitte dich ...
   ich danke dir ...

Schülerbeispiel (Beate, Klasse 7 Realschule)

Denn sie haben mir ohne Grund ein Netz gelegt (Ps 35, 7)

Ich war in der Schule, und meine Freundinnen beachteten mich gar nicht. Sie ließen mich einfach hängen. Sie sagten sogar der ganzen Klasse, daß sie nichts mehr mit mir reden dürften. Nur wenige stellten sich dagegen und fragten, was das solle.
Ich fühlte mich total verlassen. Ich hatte Angst, daß sie sich mit mir nicht mehr vertragen wollten.
Du aber, Gott, kennst mich und du läßt mich nicht im Stich. Du hast mir geholfen, daß ich mich jetzt endlich wieder durchsetzen kann gegen andere. Du hast mir mein Selbstvertrauen zurückgegeben.
Gott, ich danke dir, daß du mir zugehört hast. Ich danke dir für dein Verständnis, für dein Vertrauen, für deine Liebe, die du mir schenkst.
Ich möchte mich entschuldigen, weil ich auch nicht immer besser bin, von meinem Verhalten her, als die anderen. Ich will mich bessern.
Ich danke dir, daß ich dir alles erzählen kann, was ich auf dem Herzen habe.

Reflexion: Kontaktprozesse und das Selbst

Auch andere Schülerbeispiele zeigen, daß Identifikationen mit biblischen Menschen Heilendes ermöglichen. Wir können dies nicht quantifizieren und für den Einzelfall festhalten. Als ReligionspädagogInnen können wir die rein kognitive Ebene des Unterrichts überschreiten und durch Beziehungsarbeit im weiten Sinne Begleitung auf dem Weg zu Identität anbieten. So verstandene emotionale Erziehung fördert die personale Intelligenz.[31] In Anlehung an Gardner definiert Goleman personale Intelligenz als interpersonale und intrapersonale Intelligenz: „Interpersonale Intelligenz ist die Fähigkeit, andere Menschen zu verstehen: was sie motiviert, wie sie arbeiten, wie man kooperativ mit ihnen zusammenarbeiten kann … Intrapersonale Intelligenz … ist die entsprechende, nach innen gerichtete Fähigkeit. Sie besteht darin, ein zutreffendes, wahrheitsgemäßes Modell von sich selbst zu bilden und mit Hilfe dieses Modells erfolgreich im Leben aufzutreten."[32]

Unter dem Gesichtspunkt einer lebenslangen Entwicklung des Selbst, wie sie von Selbstpsychologen und Gestaltpsychologen vertreten wird, gewinnen ganzheitliche Ansätze in der schulischen Erziehung besondere Bedeutung.

Ganzheitliche, Identität begleitende Erziehung will die Stärkung des Selbst, was Selbstwertschätzung und damit das Wohlbefinden der Kinder und Jugendlichen zur Folge hat. Durch Interaktionen, die den ganzen Menschen betreffen, wird der einzelne angeregt, gestützt und motiviert, selbstwirksam aktiv zu sein. So wird das Gefühl für die eigene Identät gestärkt in der Beziehung zu anderen.

Im folgenden will ich in Kürze das gestaltpsychologische Selbst-Verständnis skizzieren; ich bin mir dabei bewußt, daß diese Kurzdarstellung viele Fragen offenläßt und andere Selbsttheorien völlig außerachtläßt. Wenn die Schule von heute aber Erziehung gleichwertig neben Wissensvermittlung stellen will, kommt sie nicht umhin, nach den Prozesen, die zur psychischen und sozialen Geburt des Menschen führen, zu fragen.

Abb. 10 zeigt die Selbstentwicklung[33] als die sich regulierende Einheit von Prozessen im Erleben. Ein Selbst als Substanz oder Kern der Persönlichkeit gibt es nach gestaltpsychologischer Auffassung nicht, das Selbst einer Person ist der von der Vergangenheit herkommende, in der Gegenwart sich bildende und auf Zukunft gerichtete Erschaffungsprozeß der Person. Dieser Prozeß wird als kontinuierlich (Kontinuität) und zusammenhängend (Konsistenz) erlebt. Der Organismus (Synonym für Person) erschafft sich im Kontaktprozeß selbst und grenzt sich von seiner Umwelt ab. Eine grundlegende Annahme ist, daß wir uns in Kontaktprozessen durch Abgrenzung vom Umweltfeld immer wieder selbst erschaffen, unsere psychologische Existenz entsteht in den Wechselbeziehungen zum Umwelt-Feld. Das Selbst entsteht ständig neu. Das Selbst realisiert sich in Beziehungen selbst, es ist ein relationales Selbst. Auf der anderen Seite ist das Selbst eine Manifestation überindividueller Ordnungen menschlicher Beziehungen und Ordnungen. Das aktuelle Selbst entsteht in diesem Spannungsfeld von aktuellen Beziehungen und Kontaktprozessen (relationales Selbst) und den überpersönlichen und umfassenden Ordnungen (überpersönliches Selbst).

Die Funktionen des Selbst sind: Es, Ich und Persönlichkeit. Das Es gibt organische Erregungen als Nachwirkungen unerledigter Geschäfte, Gefühle und Phantasien. Es signalisiert Bedürfnisse und Interessen. Das Ich setzt willentliche Entscheidungen. Das Ich grenzt ab, indem es deutlich macht, was es will und was nicht. Es ist aktiv und geht auf die Umwelt zu. Dies führt zu Grenzbildung im Kontaktprozeß. Es identifiziert sich mit den eigenen Interessen und will sie durchsetzen. Die Persönlichkeit integriert die Kontakterfahrungen. Es ist ein System von Einstellungen in zwischenmenschlichen Beziehungen. Die Persönlichkeit repräsentiert das, was man über sich erkannt hat und was man der Umwelt gegenüber verantworten kann. „Aus den kreativen und chaotischen Möglichkeiten des Es wird mit Hilfe des wollenden und abgrenzenden Ich die Persönlichkeit als Assimilation der eigenenen Lebensgeschichte und der Lebenserfahrungen gestaltet.[34]

Das Selbst verändert also ständig seine Erscheinungsform im Verlauf von Kontaktprozessen. Trotzdem erleben wir Kontinuität aufgrund von Gewohnheiten. Es gibt ein Grundempfinden im Inneren unseres Selbst, mit dem wir auf die Welt reagieren. Es ist ein verläßlicher innerer Ort, felt sense, der lebensgeschichtliche, kulturgeschichtliche sowie archetypische Erfahrungen speichert und auf aktuelle Situationen reagiert. Es besitzt Kontinuität und ist veränderbar. Über dieses Grundempfinden können wir Zugang zu den Selbstregulationsprozessen finden.

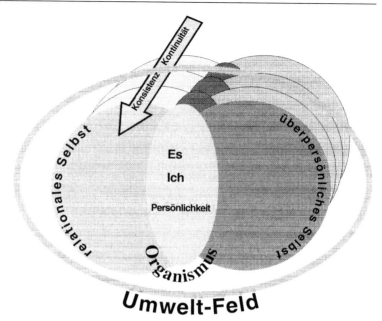

Abb. 10: Selbstentwicklung

ANMERKUNGEN

[23] Baldermann I., Die Psalmen als Sprachhilfe für Kinder, in: KatBl 120 (1995) S. 544-545
[24] Ders., Wer hört mein Weinen?. Kinder entdecken sich selbst in den Psalmen, Neukirchen-Vluyn [5]1995, S. 43
[25] Höfer A., Ins Leben kommen, München 1995, S. 23
Die hier geäußerten Gedanken beziehen sich auf das Kapitel ‚Von der Heilkraft der Psalmen' in diesem Buch.
[26] Ders., S. 35
[27] Höfer A., Gottes Wege mit den Menschen, München 1993, S. 28
[28] Von allen Seiten umgibst du mich, Hg. von G. Jerger, Katholisches Bibelwerk Stuttgart 1992, Bild Nr. 16
[29] Statt Psalmenschreiben würde sich auch die Möglichkeit einer pantomimischen Darstellung anbieten. Vgl. dazu Höfer A., Ins Leben kommen, München 1995, S. 215ff.
[30] Heinemann U./Müller A., Wir leben miteinander – Konflikte fair austragen. Gesprächstraining im RU, IRP
Unterrichtsmodelle + Informationen für den RU an Realschulen und Gesamtschulen, Institut für Religionspädagogik der Erzdiözese Freiburg, Habsburgstr. 107, 79104 Freiburg 1993
[31] Goleman D., Emotionale Intelligenz, München 1996, S. 60
[32] Ders., S. 60-61
[33] vgl. Fuhr R./Gremmler – Fuhr M., Gestalt – Ansatz, Köln 1995
[34] Ders., S. 174

5. Bibliodramatische Elemente im Unterricht und in der Gemeindekatechese

Was ist Bibliodrama?

Ohne auf die vielfältigen Schwierigkeiten und Probleme mit dem Religionsunterricht, denen wir ReligionslehrerInnen zuweilen begegnen, eingehen zu wollen, möchte ich an dieser Stelle vorab betonen, daß an-sprechende, schülerorientierte Methoden eine Grundvoraussetzung für das Gelingen des Religionsunterrichts sind. Diese Methoden[35] versuchen die Erfahrungen der SchülerInnen einzuholen, somit werden Inhalt, Personen, ihre gemeinsame Situation und ihre Lebensgeschichten in Beziehung zueinander gebracht. Aus meiner Unterrichtserfahrung kann ich den Satz „Machen'se alles Mögliche, aber bloß nicht die Bibel!"[36] zumindest teilweise für die älteren SchülerInnen der Sekundarstufe I bestätigen. Genauso aber gehört es zu meiner Erfahrung, daß ein Bibelunterricht, der die methodischen Voraussetzungen (Ganzheitlichkeit, Erfahrungsbezogenheit, Lebensgeschichte) erfüllt, genauso akzeptiert wird wie andere Themen. Eine Vielfalt schülerorientierter Methoden – vorausgesetzt sie werden sicher gehandhabt, altersgemäß eingesetzt und unter dem Aspekt der Interdependenz der Planungsmomente sorgfältig überlegt – stützt uns LehrerInnen in der schulischen Beziehungsarbeit. Bei aller Methodenvielfalt und -wechsel bleiben die Personen Mittelpunkt unterrichtlichen Geschehens. Ich vermute, daß die Ablehung des Bibelunterrichts auch eine Ablehnung der damit häufig verbundenen Methodik war und ist: Textanalyse unter historisch-kritischer Fragestellung. Weil am Ende der 45 Minuten kaum Zeit für eine Aktualisierung bleibt, entsteht häufig der Eindruck des ‚archäologischen' Wissens bei den SchülerInnen. Wozu brauch ich das? Was hat das mit mir zu tun?

Genauso unbestritten wie der historisch-kritische Zugang zu biblischen Texten und das exegetische Know-how des/r LehrerIn sind der Blick auf Ganzheitlichkeit (Repräsentationssysteme: visuell, auditiv, kinästhetisch; Emotionen; Leiblichkeit, Kreativität) und Lebensgeschichte (Wo komme ich vor mit meinem Leben? Was hat das mit mir zu tun?). Es genügt eben nicht im Sinne einer eng verstandenen Korrelationsdidaktik, während der Motivationsphase des Unterrichts einen Anschluß an die Lebenswelt der SchülerInnen zu knüpfen, um dann im überwiegenden Teil der Unterrichtsstunde losgelöst von der Lebenssituationn der SchülerInnen vertextet weiterzuarbeiten.

Der vorliegende Erfahrungsbericht zeigt, daß *bibliodramatische* Elemente im Religionsunterricht geeignet sind, Bibelunterricht so zu gestalten, daß die biblische Botschaft die jungen Menschen hier und jetzt erreicht, daß „Gottes Offenbarung Fleisch wird" (A. Höfer).

‚Bibliodrama' steht für eine Fülle von erlebnis- und lebensgeschichtlichorientierten, spielerischen und gestalterischen Möglichkeiten der Auseinandersetzung mit biblischen Texten. Hartmut Heidenreich[37] skizziert die verschiedenen Ansätze von Bibliodrama in seinem Artikel „Bibliodrama im Boom". Er nennt Vorteile bibliodramatischer Arbeit: 1. Gegen die Vorrangigkeit des Wortes für körperbezogene Ganzheitlichkeit, 2. Das Lese-Wort (Fremdheit der Bibeltexte) wird ein Lebens-Wort, das sich vollzieht, 3. statt von allgemeiner Heil-losigkeit bzw. Heil zu sprechen, bewegt das Bibliodrama dazu, von der eigenen Heil-losigkeit zu sprechen oder zu schweigen.

Exegetisch gesehen bezieht das Bibliodrama den einzelnen in das Drama der Heilsgeschichte mit ein. Die subjektive Religiosität darf Raum gewinnen und sie kann in kommunikativen, spielerischen und gestalterischen Auseinandersetzungen ergänzt und korrigiert werden. Die biblische Erzählung wird durch die persönliche ganzheitliche Auseinandersetzung ‚verheutigt'. Didaktisch gesehen ist das Bibliodrama eine Variante der interaktionalen Bibelarbeit[38]. Durch die Identifikation mit biblischen Personen oder Gegenständen werden die Erfahrungen biblischer Personen verknüpft mit den Lebenserfahrungen der SchülerInnen. Diese Synchronizität fördert den Prozeß der gemeinsamen Auslegung, in dem alle TeilnehmerInnen als ganze Menschen mit ihren Gedanken, Emotionen, Phantasien, Erfahrungen und kreativen Möglichkeiten Platz finden.

Das Drama des eigenen Lebens (Ängste, Schuld, Krankheit, Neid, Haß, Enttäuschung, ...) erkenne und erlebe ich in der Rolle der biblischen Person. Aus eigener Erfahrung weiß ich, daß gerade die unscheinbare Rolle, die ich manchmal wählte (z. B. ein Strauch in der Wüste in der Szene Abraham/Sara/Hagar), mit meinem Leben zu tun hat und mich aus dem biblischen in mein eigenes Drama führt. Das Bibliodrama ermöglicht ein anderes Lernen als das in der Schule bevorzugte kognitive Lernen. Es geht nicht zu allererst oder ausschließlich um Wissensvermittlung (Informationen, Sachverhalte), sondern um *personales* und *interaktionales Lernen.* Personales Lernen meint einerseits das intrapersonale Geschehen in der Identifikation mit der biblischen Person (wahrnehmen und verarbeiten der Gefühle im Spiel – Gefühle sind die Verbindung zwischen mir und dem Erfühlten, sie sind Signalgeber, wie ich die Welt erlebe) und andererseits das interpersonale Geschehen, das sich in Interaktionen entwickelt. Die einzelnen SchülerInnen können sich entfalten auf der Basis der Aufmerksamkeit, des Wohlwollens, der Wertschätzung. Unterricht wird zum interpersonalen Geschehen, das nicht nur kognitive, sondern auch emotionale Intelligenz[39] fördert. „Die irritierendsten Erkenntnisse in diesem Buch gehen auf eine breitgestreute Befragung von Eltern und Lehrern zurück, aus der hervorgeht, daß die gegenwärtige Kindergeneration emotional stärker gestört ist als die vorige: einsamer und depressiver, reizbarer und aufsässiger, nervöser und ängstlicher, impulsiver und aggressiver."[40]

„Schon die Lernpsychologie zählt Dramatisierungen zu den effizientesten Lernmethoden, zu den ganzheitlichen, leibhaftigen und geschehenden (nicht nur gedachten) Aneignungen von Wirklichkeit. Da der Schöpfungslogos ja auch in einem jeden von uns nach wie vor Fleisch werden will, bringt die Dramatisierung biblischer Worte ein Geschehen in Gang, das unsere „Einverleibung" in den Text bewirkt."[41]

Albert Höfer geht von der Überlegung aus, daß die Bibel selbst Bibliodrama ist, denn sie ist das Zeugnis von der durch Gott in Gang gesetzten Heilsgeschichte. Daraus folgt, daß nicht wir aus der Bibel Bibliodramen machen, sondern uns auf ihre dramatische Dynamik besinnen. Höfer zeigt eine Reihe verschiedener Ansätze auf Schule hin: von der Nacherzählung mit ihren Verläufen, direkten Reden und menschlichen Schicksalen über Pantomime, Formen des Spiels bis zur Passion[44].

Im folgenden möchte ich Beispiele für bibliodramatisches Arbeiten in der Schule skizzieren, die auch mit wenig Erfahrung der SchülerInnen und bei aller Begrenztheit der schulischen Rahmenbedingungen möglich sind.

„Was ist das für ein Mensch?" – ein bibliodramatischer Zugang zu Mk 4, 35-41

Didaktischer Ort

Diese 10. Klasse einer Realschule habe ich zum ersten Mal mit dieser Form eines Bibliodramas konfrontiert. Seit Beginn der 9. Klasse bin ich Religionslehrer, d. h. wir haben bereits eine Reihe ganzheitlicher Methoden erprobt. Ich halte es für sehr wichtig, gerade in der Pubertätszeit die SchülerInnen behutsam an Methoden heranzuführen, die sie als ganze Personen (Emotionen, Leiblichkeit) ansprechen und herausfordern. Eine Atmosphäre des sich-gut-Kennens und des Vertrauens ist Grundvoraussetzung schulischer Erziehung und Wegbegleitung. Die Jugendlichen schätzen es, wenn sie spüren, daß ihre Unsicherheit gut aufgehoben ist; sie brauchen einen *geschützten Raum*. Das heißt, daß wir sie nicht in eine Rolle zwingen dürfen, daß sie ihre persönlichen Erfahrungen nicht vor allen offenlegen müssen.

Wer als LehrerIn ganzheitliche Methoden in einer Gruppe an sich selbst erfahren und trainiert hat, weiß um die Grenzen und Widerstände, um das Unbehagen und die Unsicherheit, die einen überkommt, wenn man als ganze Person mit seinem Leben vor anderen zur Sprache kommt.

Viel leichter können wir mit Pubertierenden in dieser Weise arbeiten, wenn sie schon von der Grundschule an mit ganzheitlichen Methoden vertraut sind.

Die Perikope Mk 4, 35-41 steht unter dem Inhalt ,Christusbekenntnisse' in der Lehrplaneinheit ,Jesus Christus'. Der Lehrplan[43] umschreibt das Ziel dieser Lehrplaneinheit folgendermaßen: „Jugendliche richten ihr Leben an Personen und Werten aus, an die sie glauben und die ihnen Halt geben. Der religiöse Mensch macht seinen Glauben an Gott fest. Für Christen vermittelt Jesus Christus die Beziehung zu Gott als dem tragenden Grund ihres Lebens. Wer sich Jesus Christus anschließt, verankert sein Leben in Gott. Dies bezeugt die Kirche von Anfang an in ihren Glaubensbekenntnissen."

Die Zielformulierung gibt vor, mit den Jugendlichen die Beziehung zu Gott über die Beziehung zu Jesus Christus zu reflektieren. Der Lehrplan verzichtet (im Vergleich zu früheren Plänen) auf eine Anreihung mehrerer Perikopen (etwa verschiedene Wundererzählungen, Gleichnisse, Hoheitstitel). Das kommt gestaltpädagogischem Arbeiten entgegen; die Gestaltpädagogik geht davon aus, daß nach dem Pars-pro-toto-Prinzip das Ganze schon im Teil erscheinen kann. D. h. wer Jesus Christus ist, wie er ist, wie er handelt – das kann ich schon in dieser Perikope vom Seesturm erfahren. Es ist nicht nötig, die Vielfalt der biblischen Erzählungen im Sinne eines ,Gänsestopfens' im Gang des Schuljahres unterzubringen. Nicht immer anderes in gleicher Weise (etwa viele Jesuserzählungen in kognitiver Bibelarbeit), sondern das gleiche in immer anderer Weise (eine Perikope unter dem Aspekt der Verlangsamung und der Beziehung durch verschiedene ganzheitliche Zugänge). So haben wir einen Zugang zu dieser Perikope vom Seesturm und damit zu Jesus Christus gesucht durch: Ganzheitliches Bilderleben und Psalmenschreiben (vgl. S. 64 ff) und durch folgende bibliodramatische Variante.

Praxis: Gelesener Text und Pantomime mit musikalischer Begleitung

Praktisches Vorgehen

1. Der Raum	Für Rollenspiele, Bibliodrama brauchen wir einen geeigneten Raum. Wenn die Klasse nicht zu groß ist, reicht das Klassenzimmer, wenn Bänke und Stühle gestapelt werden. (Es ist sinnvoll, in Ruhe mit der Klasse eine sinnvolle Möglichkeit auszuprobieren.) Gute Erfahrungen habe ich mit anderen Räumen gemacht (Aula der Schule, nahegelegene Kirche) Das setzt u. U. voraus, daß der 45 Minutentakt aufgelöst wird, was leicht möglich ist, wenn Sie das vorher absprechen.
2. Materialien/Instrumente	Für dieses Bibliodrama benötigen wir Orff'sche Instrumente. Es soll nach Möglichkeit jeder/e SchülerIn beteiligt werden. Wer keine Rolle übernimmt, spielt ein Instrument. Es eignen sich auch selbstgemachte Instrumente. Denken Sie auch daran, wie wir Gefühle (allein sein, enttäuscht sein, usw.) deutlich machen können. Kopien der Perikope
3. Erkunden des Raumes/ Einstimmung	Vor allem wenn wir einen unbekannten Raum verwenden und wenn die SchülerInnen zum ersten Mal diese Form des Bibliodramas kennenlernen, ist es wichtig, den Raum, die Instrumente zu erkunden. Anweisung: 1. Geht durch den Raum (Kirche)! Achtet darauf, wie ihr geht! Geht langsam und behutsam, dann schnell! Geht überallhin! Sprecht dabei bitte nicht! (einige Minuten) 2. Wenn ihr jetzt durch den Raum geht, achtet auf alles, was ihr seht! Schaut alles an, schaut auch hinter die Gegenstände! Sprecht dabei bitte nicht! 3. Beim letzten Erkundungsschritt sollt ihr sprechen (laut und leise), ihr könnt singen und auch schreien. Probiert alles aus! Zum Sprechen eignen sich gut Sätze aus der Bibel, die euch einfallen. Es ist wichtig, die SchülerInnen diese Erfahrungen machen zu lassen, damit sie am eigenen Leib spüren, wie das ist, wenn man vor anderen geht, spricht oder etwa schreit. Ich selbst erinnere mich an meine ersten Versuche zurück – ich konnte vor anderen in der Kirche nicht schreien. 4. Probiert nun alle Instrumente aus: die Trommel, den Gong, die Flöte, die Triangel, das Schellenband, das Xylophon usw.! Welchen Geräusche könnt ihr damit machen?

4. Einteilung der Gruppen	28 SchülerInnen werden in 2 Gruppen aufgeteilt. Jede Gruppe braucht ‚Musikanten‘ und Spieler
5. Das Bibliodrama	Wenn die Klasse zum ersten Mal diese Form des Bibliodramas erprobt, sollte der/die LehrerIn eine Gruppe begleiten (oder die Klasse wird nicht in 2 Gruppen geteilt) und die verschiedenen Möglichkeiten des Sprechens und musikalischen Begleitens zeigen.
Text	Jemand liest die Perikope vor. Erste Anfragen zum Verständnis? Wieviele Spieler brauchen wir? Erzähler, Jesus und die Jünger (wir teilen Jünger und Musikanten sinnvoll auf) Was wollt ihr noch spielen? Mast, Wellen, ...
Wie wird der Text gesprochen?	Der Erzähler liest den Text langsam und einfühlsam vor. Er kann Pausen machen, Sätze wiederholen, Worte wiederholen. Beim Wiederholen kann er die Stimme verändern (Stimmmodulation). Jeder Spielteilnehmer (Jünger im Boot) kann dies auch tun, einzelne und mehrere miteinander. Wir halten uns aber alle an das Orginal des Textes. Die Musikanten untermalen die dabei entstehende Stimmung durch einzelne Beiträge oder je nach Situation alle zusammen. Beispiel: Am Abend ... (tiefer Flötenton, beruhigend). Am Abend dieses Tages (mehrere: am Abend) sagte er zu ihnen: Wir wollen ans andere Ufer hinüberfahren ... (einer: ans andere Ufer/ hinüberfahren / viele: wir wollen hinüberfahren / Geräusche des Aufbruchs). ... Plötzlich (laut) ... (Paukenschlag/Trommelwirbel) erhob sich ein heftiger Wirbelsturm (alle durcheinander: heftiger Wirbelsturm, Sturm/ Windgeräusche) ... Da ergriff sie große Furcht ... Furcht/ ergriff sie Furcht, und sie sagten zueinander: Was ist das für ein Mensch ... (ein Mensch? was für ein Mensch? ...)
Pantomime	Die Jünger befinden sich im fiktiven Boot. Ein Jünger kann Mast sein. Jesus legt sich schlafen. Jünger rudern, andere schöpfen Wasser aus, dabei stellen die Jünger stellen ihre Stimmung (Aufbruch, Angst, ...) pantomimisch (Mimik, Gestik) dar. Wichtig ist dabei, daß dies in Zeitlupentempo geschieht.
6. Nachbereitung	Nach kurzer Stille äußern sich alle SpielerInnen und ‚Musikanten‘. Was hast du (als Spieler) durch das Spiel erlebt? Was hat dich am Bibeltext berührt? Was hast du neu erfahren?
	Was habt ihr beim musikalischen Begleiten erlebt? Was habt ihr an den Spielern beobachtet?

Reflexion: Ist bibliodramatisches Arbeiten in der Schule möglich?

Insgesamt haben wir drei Unterrichtsstunden für diese bibliodramatische Arbeit verwendet:

1. Erkunden des Raumes und der Instrumente
Hier zeigte sich, daß viele Jugendliche sich schwer taten, sich vor anderen zu bewegen und zu sprechen.

Doch im Laufe dieser ersten Probephase wurden sie mutiger. Diese ganz andere Art, Erfahrungen zu machen, hat viele im wahrsten Sinne des Wortes mobilisiert und aus der sonst rezipierenden Haltung im Klassenzimmer in eine agierende Haltung versetzt. Als sehr vorteilhaft erlebten wir die Weite des Raumes in der Kirche. Wir mußten auf keine Klassennachbarn wie sonst im Schulhaus Rücksicht nehmen. Das Ausprobieren der Instrumente verursacht zuerst einmal Lärm.

2. Vorstellen und erste Schritte bibliodramatischer Arbeitsweise
Rollenverteilung, ‚Aufbau‘ eines Bootes und Instrumentenverteilung verliefen unproblematisch. Das Sprechen des Textes (Lautstärke, Stimmmodulation, Pausen) und die Koordination der musikalischen Begleitung verlangten von mir als Lehrer und von den SchülerInnen viel Geduld und Konzentration. Immer wieder wurden die Textpassagen wiederholt, Worte anders gesprochen, an anderen Stellen Pausen gesetzt.

Hinüberfahren, die Leute fortschicken – welche Stimme, welche Mimik, welche Instrumente?

Wie spricht jemand, wenn er Angst hat? Was fühlst du in deiner Angst? Wie drückt jemand Angst und Hoffnungslosigkeit mimisch aus? Welche Instrumente können das zum Ausdruck bringen? Gespräche über Angsterfahrung zwischen den Probephasen. Wasser dringt ins Boot. Wann sagen wir „mir steht das Wasser bis zum Hals"? Als schwierig habe ich die Einübung der Pantomime in Zeitlupentempo empfunden. Wir waren aber der Meinung, daß das Zeitlupentempo durchaus hilfreich ist, um Text und Darstellung koordinieren zu können. Immer wieder mußte ich auf die Verlangsamung des Spiels drängen.

Diese Einübungsphase hat sich als fruchtbar erwiesen. Ich hatte den Eindruck, daß die SchülerInnen erfahren haben, daß wir nicht einfach eine biblische Szene als Spiel nachstellen, sondern daß die Erfahrung der biblischen Menschen auch unsere Erfahrung ist.

3. Das Bibliodrama
Alle nehmen ihre Plätze ein, die Spieler im Boot, die ‚Musikanten‘ im Kreis etwas abseits vom Boot. Der Erzähler tritt auf und beginnt auf ein Zeichen hin zu sprechen. Das Drama nimmt seinen Lauf.

Und ich staune, wie einfühlsam die Jugendlichen der 10. Klasse ihre Rollen spielen. Es ist hier kaum zu vermitteln, was sich da alles ereignet hat. Wie das Boot vom Sturm erfaßt wird und Angst sich breit macht. Die Stille nach dem „Schweig, sei still!". Die Frage „Was ist das für ein Mensch" wurde auf verschiedene Weise wiederholt. Ja, wer ist dieser Jesus? Wer ist er für mich?

Nachbereitung:

Auch hier gilt das Prinzip der Freiwilligkeit: Wer etwas sagen will, bringt sich selbst ein.

Es ist wichtig, die Äußerungen der SchülerInnen nicht zu bewerten. Am besten ist es, die Aussagen durch aktives Zuhören entgegenzunehmen, so daß sich die Jugendlichen verstanden fühlen. Durch Paraphrasieren können Aussagen verstärkt und auch vorsichtig hinterfragt werden.

Diese Nachbereitung kann durch dadurch abgeschlossen werden, daß jeder mittels einer Formulierungsbrücke einen Satz bildet: Wenn ich an die biblische Szene vom Seesturm denke, dann weiß ich jetzt . . . oder fühle ich . . . oder ist bewußt geworden, daß . . .

Zusammenfassend möchte ich sagen, daß diese Form des Bibliodramas gut geeignet ist für die Arbeit in der Schule. Durch dieses ganzheitliche Lernen (kognitiv, emotional, leiblich, interaktional) werden vor allem die Affekte einbezogen. Die eigene Lebensgeschichte kommt mit ins Spiel. Die SchülerInnen können hier und jetzt religiöse Erfahrungen machen, ihre eigene Theologie Gestalt werden lassen. Das setzt eine Didaktik der Verlangsamung und der Beziehung voraus. „Sorgfalt und Behutsamkeit, Präsenz, Aufmerksamkeit, Konzentration und liebevolle Hingabe sind die wichtigsten Regeln für die Leitung eines Bibliodramas" (G. Piber).

Bei jedem Bibliodrama spielen die ‚Grundregeln' der Kommunikation und der Gruppendynamik eine wichtige Rolle: Entscheide selbst, mitzumachen oder dich zurückzuziehen! Respektiere den anderen in seiner Art. Höre zu (Aktives Zuhören), lasse ausreden! Was will mir der andere sagen, was kommt bei mir an (vgl. Schulz von Thun, der vierohrige Empfänger)? Störungen haben Vorrang. Sprich nicht per ‚man', sondern per ‚ich'. Vermeide Du-Botschaften.

Mit Hartmut Heidenreich möchte ich trotz aller kritischer Anfrage, ob das Bibliodrama den biblischen Text nicht psychologisch verzweckt, subjektivistisch verändert und enthistorisiert, von Chance und Gewinn sprechen: Durch das Bibliodrama verstehen wir uns und die biblische Geschichte besser. Oder anders gesagt: Wir sehen uns und unsere Lebenssituation durch die Identifikation mit den biblischen Personen neu und verstehen uns besser.

5.1 Wie ein Baum gepflanzt am Wasser ... (Jer 17, 5-8)

**Bibliodrama und Verkündigung –
Abschlußgottesdienst einer 10. Realschulklasse**

Gestaltpädagogik und Verkündigung

An unserer Schule ist es Brauch, die Verabschiedungsfeier mit einem ökumenischen Gottesdienst in der benachbarten Kirche zu beginnen. Dazu sind die Entlaßschüler, ihre Eltern und KollegInnen eingeladen.

Der Gottesdienst wird von den ReligionslehrerInnen und einer Gruppe von Entlaßschülern gemeinsam vorbereitet. In der Regel sucht das Vorbereitungsteam in einem Gespräch(en) ein symbolträchtiges Thema, das zur besonderen Situation der Schulentlassung paßt: Es gibt viele Wege – welchen Weg willst du gehen; Träume vom Leben; Tor/Tür zum Leben; Aufbruch; Fußspuren; usw. So kristallisierte sich in der Gesprächsrunde am Ende des vergangenen Schuljahres folgendes Thema heraus: *Jahresringe – wachsen und zur Mitte finden.*

Um das Thema werden Texte, Bilder, Lieder und eine biblische Botschaft ‚gelegt‘, diskutiert, verworfen. Bald schält sich das zutiefst Wahre und über die Situation der Schulentlassung hinaus Bleibende im Ringen und Diskutieren heraus: Ausgehend von einer Baumscheibe vergleichen wir Menschen uns mit einem Baum. Wir wachsen (nicht nur körperlich) Jahr um Jahr – von einer Mitte ausgehend. Jeder Mensch hat einen Kern. Was läßt den Baum gedeihen? Die schützende Borke verrät etwas vom Wachsen und Verändern über die Jahre hinweg.

Welche biblische Perikope geht diesem Vergleich nach und zeigt die Mitte, den Kern, von dem aus wir Menschen wachsen, uns verändern und zu dem werden, wozu wir bestimmt sind?

Nach einigem Zögern übernehme ich diese Aufgabe, ohne zu ahnen wie sehr mich dies beschäftigen wird. Ein Suchen, Finden und Verwerfen, ein Von-vorne-Beginnen. Schließlich entscheide ich mich für folgende Stelle:

Verflucht der Mann, der auf Menschen vertraut, auf schwaches Fleisch sich stützt und dessen Herz sich abwendet vom Herrn.

Er ist wie ein kahler Strauch in der Steppe, der nie einen Regen kommen sieht; er bleibt auf dürrem Wüstenboden im salzigen Land, wo niemand wohnt. Gesegnet der Mann, der auf den Herrn sich verläßt und dessen Hoffnung der Herr ist. Er ist wie ein Baum, der am Wasser gepflanzt ist und am Bach seine Wurzeln ausstreckt: Er hat nichts zu fürchten, wenn Hitze kommt; seine Blätter bleiben grün; auch in einem trockenen Jahr ist er ohne Sorge, unablässig bringt er seine Früchte. (Jer 17, 5-8)

Wie soll diese biblische Botschaft ins Leben unserer EntlaßschülerInnen sprechen? Wird die Botschaft verstanden, wenn sie, womöglich von einem Schüler wenig artikuliert vorgetragen, als Lesung einfach gelesen wird. Wird die Kernaussage, daß die Mitte des Menschen nicht das Können und die eigene Leistungsfähigkeit ist, sondern die Beziehung zu Gott, in dieser so formulierten Sprache und durch Vorlesen verstanden? Ohnehin spielt in unseren Gottesdiensten das vorgelesene Wort eine primäre Rolle. Der Text begleitet mich über Tage hinweg und taucht zu allen möglichen Situationen in mir auf. Schließlich entscheide ich mich, den Text mit meinen EntlaßschülerInnen zu überdenken, die Aussagen in Beziehung zum Thema des Gottesdienstes zu bringen. Wir entscheiden uns, den Text umzuarbeiten und im Sinne eines bibliodramatischen Lesens mit musikalischer Begleitung zu gestalten.

Für mich stellt sich die Frage: *Können wir als Klasse das, was wir unter bibliodramatischen Gesichtspunkten miteinander erleben, erarbeiten und gestalten, in einem Gottesdienst wieder – holen? Ist so Verkündigung möglich?*

Um es vorwegzunehmen: Die Aufmerksamkeit der Gottesdienstbesucher war während des Spiels sehr hoch. Und nach dem Gottesdienst sprachen mich KollegInnen und Eltern an: Das war toll. So was habe ich noch nie gesehen. Ich war ganz bei der Sache. Die Instrumente haben erst deutlich gemacht, was der Text uns sagen will.

Praxis: Text und musikalische Begleitung

Praktisches Vorgehen

1. Texterschließung	Die SchülerInnen haben den Text in Gruppen bearbeitet, nachdem wir ausführlich über das Thema des Gottesdienstes diskutiert hatten. Welche Worte verstehst du nicht? Wie würdest du selbst formulieren? Unterstreiche die dir wichtigen bildhaften Aussagen und formuliere dazu Sätze! kahler Strauch, dürrer Wüstenboden, am Wasser gepflanzt, grüne Blätter, u. a. Miteinander formulierten wir folgenden Text:

SprecherIn 1	Verloren der Mann, der nur auf Menschen vertraut, allein auf menschliches Können sich stützt und dessen Herz sich abwendet vom Herrn.
SprecherIn 2	Er ist allein und verlassen. Neid und Haß treiben ihn in die Einsamkeit. Ruhelos jagt er dem Besitz nach und kann sich doch nicht freuen. Bei Mißerfolg ist er niedergeschlagen und hoffnungslos.
1	Zu bedauern die Frau, die nur nach Menschen schaut und sich abwendet vom Herrn. Sie bleibt auf dürrem Wüstenboden, im salzigen Land, wo niemand wohnt.
2	Gehetzt sucht sie sich zu verwirklichen und sieht doch kein Land. Sie bleibt allein mit ihren Problemen. Ihre Beziehungen sind gefährdet. Ohne Gefühl der Geborgenheit eilt sie von Tag zu Tag, sie verfällt in Selbstmitleid und Klagen.
SprecherIn 3	Gesegnet der Mann, der auf den Herrn sich verläßt und dessen Hoffnung der Herr ist. Er ist wie ein Baum, der am Wasser gepflanzt ist und am Bach seine Wurzeln ausstreckt. Er hat nichts zu fürchten, wenn Hitze kommt. Er kann lachen und sich freuen.
SprecherIn 4	Freunde suchen seine Nähe, auf ihn hört man. Er ist sicher in seinem Tun. Voller Mut geht er neue Aufgaben an und klammert sich nicht ängstlich an das Erreichte. Gesegnet die Frau, die auf den Herrn sich verläßt. Ihre Blätter bleiben grün,
3	auch in einem trockenen Jahr ist sie ohne Sorge, unablässig bringt sie ihre Früchte.
4	Sie ist gerecht und begegnet andern mit Verständnis. Enttäuschungen erträgt sie mit Selbstvertrauen. Voll Freude geht sie neue Wege. Freunde sind gerne bei ihr zu Gast.
Alle	Gesegnet sind Frau und Mann, die sich auf den Herrn verlassen.

2. Bibliodramatische Arbeit	Die bibliodramatische Arbeit geschieht nach den im letzten Beispiel aufgezeigten Möglichkeiten: Die SprecherInnen tragen den Text vor (Stimme, Wiederholungen, Pausen), KlassenkameradInnen begleiten mit Orff'schen Instrumenten, andere verteilen sich im Kirchenraum und wiederholen Sätze und einzelne Wörter, indem sie einfühlsam mit ihrer Stimme die Bedeutung des Textes gestalten. Die Sprecher-Innen können während des Lesens auch den Platz in der Kirche wechseln. Während wir miteinander um die Gestaltung ringen, wird deutlicher, was verloren, einsam, ruhelos jagend, sich bemitleidend usw. in unserem Leben ausmacht. Ja, was heißt ‚gesegnet‘, ‚am Wasser gepflanzt‘? Wir brauchen eine Mitte, einen Kern in unserem Leben, der durch alle Anfechtungen des Lebens (Dürre, Wüste, salziges Land/ Arbeitslosigkeit, ohne Berufsausbildung, Krankheit, Trennung der Eltern, u.a.) trägt. Wie haben wir diese Mitte schon erfahren?

Positionen in der Kirche

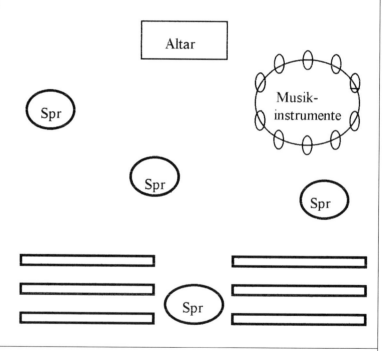

Da wir nicht mit Mikrophon arbeiten können, ist es wichtig, während der Vorbereitungzeit die Schülerinnen anzuhalten, laut und deutlich zu sprechen. Hier empfiehlt es sich, wirklich auch manches zu schreien.

Differenzierte Stimmen, Pausen, Wiederholungen, Bewegungen im Raum, einfühlsame musikalische Begleitung – alles zusammen verleiht dem Text einen dramatischen Charakter. Die Mitglieder des Vorbereitungsteams sahen sich im Nachhinein bestätigt, daß einer biblischen Botschaft – durch eine Meditation vorbereitet und auf solche Weise verkündet – keine Predigt folgen muß.

Meditative Gedanken

Folgende meditative Gedanken (von meinen KollegInnen Frau Pasta und Frau Leimgruber dankenswerter Weise zur Verfügung gestellt) gingen der bibliodramatischen Lesung voraus:
Jeder von euch hält eine kleine Scheibe eines noch jungen Baumes – man siehts an der Anzahl der Jahresringe – in der Hand. Ein Stück Natur, das unser Leben wiederspiegelt. Über diese Baumscheibe mit den Jahresringen wollen wir zusammen nachdenken.
In den Jahresringen und Verwachsungen steht alles Glück und Gedeihen, aber auch Kampf, Leid und Krankheit festgeschrieben. Hier finden die kargen und üppigen Jahre ihren Ausdruck. Überstandene Angriffe und Stürme haben sich auf ihre Art eingeprägt.

Betrachten wir eine Baumscheibe genauer, so finden wir eine Mitte – von dort aus ist der Baum gewachsen. Am Anfang war der Stamm dünn und schwach. Im Laufe der Jahre haben sich immer mehr Ringe um seine Mitte angeordnet. Ein kräftiger Stamm ist gewachsen – seine Mitte ist stark und fest.
Was läßt den Baum gedeihen? Wichtig ist der gute Standort und seine feste Verwurzelung in fruchtbarer Erde. Licht und Wärme der Sonne fördern sein Wachstum ebenso wie das lebensspendende Wasser.

Mein Kern – meine Mitte
Bin ich in diesen Jahren in einem guten Kontakt mit mir gewesen? Wie nehme ich mich selbst wahr?
Schätze ich dich, meine Mitte, als mein Kostbarstes?
Ganz im Verborgenen bist Du da, gleichsam dem Kern dieser Baumscheibe. So wie der Baum sind auch wir auf eine Mitte bezogen, in der wir Gott finden und erfahren können. Eine Mitte, aus der Sicherheit kommt: Es ist gut, daß es mich gibt.
Wie dieser Baumkern trägt unsere Mitte all die Geheimnisse unseres Lebens. Habe ich sie schon kennengelernt?

Genauer betrachtet sind die Jahresringe einer Baumscheibe unregelmäßig. Jeder unterscheidet sich vom anderen. Das bedeutet, daß jedes Jahr seine Zeichen gesetzt hat. Risse und Verdickungen erzählen etwas über die Lebensgeschichte des Baumes.

Meine Jahresringe
Was können sie erzählen?
Was ist mir eingeprägt?
Die Erfahrungen des Geliebtseins, des Vertrauens, der Wertschätzung durch meine Eltern, meine Freunde und Klassenkameraden, meine LehrerInnen. All die positiven Erfahrungen waren wie Licht und Nahrung und ließen mich gedeihen. Und wie der Baum hatte auch ich traurige Zeiten durchzustehen. Wie schmerzhaft Mißtrauen, Vorurteile, Mißgunst, Ablehnung, Trennung, Verschlossenheit sein können, mußte ich kennenlernen. Aber ich lernte damit umzugehen und neue Wege zu finden. Ich konnte dabei die Erfahrung machen, daß ich dabei über mich hinauswachse. Als Baum unter vielen Bäumen erlebte ich sechs Jahre an dieser Schule. Miteinander durchstanden wir das Auf und Ab des Schulalltages. Wir lernten uns kennen und schätzen – so konnten wir füreinander Licht und Nahrung sein.

Jeder Jahresring entsteht und wächst unter einer schützenden Borke. Sie umschließt den Baum wie ein Mantel.

Meine Borke
Was ist mir Schutz geworden in meinem Leben? Was gab mir Sicherheit?
Meine Beziehungen zu meinen Eltern und Geschwistern, zu Freunden, zu Gott?
Ummantelt von ihrer Wärme und Zuneigung kann ich wachsen. Und so wie die Borke sich im Laufe der Jahre verändert, so will ich mein Wachsen und Verändern geschehen lassen – in meiner äußeren und inneren Gestalt. Überholtes und Einengendes will ich ablegen und Neuem Raum lassen. Ich ahne die Verantwortung, die ich für mich trage.

5.2 „Jesus handelt aus dem Geist Gottes"

**Ein pantomimisches Bibliodrama zu Lk 13, 10–17
(aus einer Unterrichtseinheit zur Vorbereitung auf
die Firmung)**

Die Bedeutung der Pantomime

„Jesus handelt aus dem Geist Gottes – In Jesus Christus ist Gott
den Menschen nahe" so lautet ein Thema aus einer Unterrichtseinheit, die SchülerInnen aus den 8. und 9. Klassen zur Firmung
vorbereiten soll. Dazu können die SchülerInnen in ihrem Reli-
gionsbuch folgendes lesen: Wir erkennen: Jesus handelt gut an den
Menschen. In ihm ist ein neuer Geist spürbar. Der Geist Gottes
veranlaßt Jesus zu heilen, zu befreien, zu verzeihen und die Menschen anzunehmen.
Wie können wir das, was hier so einfach klingt „... In ihm ist ein
neuer Geist spürbar" wirklich im Unterricht spüren lassen? Kann
ich mich in der 9d (Sie kennen diese Klasse bereits aus „Der Wald
ist nicht gesund – eine schwierige Klassensituation") auf Körper-
arbeit einlassen?
Der Gedanke ‚Das pantomimische Bibliodrama' läßt mich nicht los.
Welche Perikope soll ich wählen? Ich lasse mich von der Überlegung leiten, eine Stelle zu wählen, die weniger bekannt ist. Die
‚Ehebrecherin' im Schülerbuch ist zu bekannt. Im folgenden orien-
tiere ich mich an den Ausführungen zur Pantomime von Albert
Höfer[44]. Höfer bezeichnet das Bibelspiel als eines der stärksten Medien des Unterrichts, und die Pantomime sei die größte Steigerung
dieses Mediums. Das Weglassen der Worte verstärkt den Gefühls-
ausdruck, vor allem wenn im Zeitlupentempo gespielt wird.
Die Erfahrung zeigt, daß dies den SchülerInnen anfangs nicht leicht
fällt, es bedarf einer Übung.
Die tiefe Wirkung eines solchen Spiels erklärt Höfer durch folgende Faktoren:
– Der ausgewählte Text wird genau nach Handlungen untersucht:
  er lehrte ..., sie saß ..., sie wurde geplagt ..., sie konnte nicht
  mehr aufrecht gehen ..., er legte die Hände auf ..., usw.
– Mit Phantasie übertragen die SpielerInnen alles, was der Text mit
  Worten sagt, in Handlungen. Sie müssen für manches zuerst
  Handlungen erfinden (z. B. empört sein, beschämt werden).

– Die Aufmerksamkeit verlegt sich von den abstrakten, theologischen Gedanken auf die Körperlichkeit. Gedanken werden in Körpersprache übersetzt.
– Die Verlagerung auf den Leib aktiviert die rechte Gehirnhälfte mit ihrem Zugang zu den Zentren der Emotionsverarbeitung im Zwischenhirn[45]. Dies mobilisiert viel unbewußtes Material aus der Lebensgeschichte. Dadurch werden die spontanen, nicht geplanten und dem Spieler nicht bewußten Körpergesten in den Mittelpunkt rücken.

Praxis: Pantomime

Praktisches Vorgehen

1. Bildbetrachtung
Anne Seifert,
Die Heilung der
gekrümmten Frau[46],
© Anne Seifert

Vorgehensweise
1. Was siehst du alles? (Bildbeschreibung)
2. Was fällt dir besonders auf?
3. Welche Person spricht dich an?
4. Wenn diese Person sprechen würde, was würde sie aus ihrem Leben erzählen?
5. Gib dem Bild eine Überschrift!

2. Pantomime –
  ein bibliodramatisches
  Element
	Die Klasse teilt sich in SpielerInnen und ZuschauerInnen.
	Die SpielerInnen bereiten sich in einem anderen Raum auf ihr Spielen vor, während die Zuschauer das Klassenzimmer so umgestalten, daß eine Bühne und ein Zuschauerraum entstehen.
	Bühne und Zuschauerraum verhelfen zur Übernahme der Rolle.

Vorbereitung der Spieler (Beim erstmaligen Einüben sollte der/die LehrerIn dabeisein.)	1. Die Aufbereitung des Textes • Wir lesen die Perikope. • Wir entscheiden, in wieviele Akte gegliedert werden soll. • Wieviele Akte wollen wir spielen? • Welche Personen treten auf? Welche ‚Dinge‘ sind darstellbar? • Kann man auch Geistiges darstellen (z. B. Dämon)?
	2. Die Rollenverteilung Jeder kann äußern, was er gerne spielen möchte. Dazu braucht die Gruppe Zeit. In der Phantasie wird die Rolle jetzt vorausgenommen. Was kann ich darstellen, was will ich auf keinen Fall vor anderen tun? Nehme ich eine Hauptrolle oder ‚verstecke‘ ich mich eher in einer Nebenrolle?
	3. Das Probespiel Vor dem Auftritt sprechen die SpielerInnen das Geschehen ab. Den Auftritt direkt brauchen sie nicht proben. Hier sollte der Lehrer helfen, daß das Zeitlupentempo einstudiert wird. SchülerInnen wollen eher schnell fertig sein.
Auftritt	Die SpielerInnen marschieren im Gänsemarsch durch den Zuschauerraum auf die Bühne und stellen sich vor das Publikum. Jeder stellt sich mit seiner Rolle vor, z. B. Ich bin eine gekrümmte Frau. Ich bin seit achtzehn Jahren krank und besuche die Synagoge. Ein gewählter Sprecher sagt das Spiel an: Wir spielen die Heilung einer Frau am Sabbat. (Wird in mehreren Akten gespielt, ist es sinnvoll, nach jedem Akt den ‚Vorhang‘ (zwei Decken, die von Schülern auf- und zu gezogen werden) zuschließen. So können sich die SpielerInnen hinter dem Vorhang neu positionieren.
Spiel	Das Spiel geschieht in Zeitlupentempo. Bewegung, Haltung, Mimik, Gestik bringen das Drama zum Ausdruck. Der vorher bestimmte Spielleiter beendet durch ein Zeichen das Spiel.
Auswertung	SpielerInnen und ZuschauerInnen sitzen gegenüber. Zuerst stilles Verweilen Vorlesen der Perikope Der/die LehrerIn ermutigt jede/n SpielerIn auszudrücken, was er/sie durch das Spielen erlebt hat und was am Bibeltext nun berührt. Anschließend sprechen die ZuschauerInnen, was sie beobachtet und empfunden haben. Bewertungen zu einzelnen SpielerInnen sollten vermieden werden. (Ich-Botschaften statt Du-Botschaften) Die SpielerInnen ziehen unter Applaus wieder aus. Statt einem Gespräch wäre auch Psalmenschreiben möglich.

Reflexion: Bibliodramatisches Arbeiten und Zeit

1. Bibliodramatisches Arbeiten braucht Zeit. Für die vorgestellte Kombination von Bildbetrachtung und Pantomime sollten zwei Unterrichtsstunden zur Verfügung stehen.
2. Bei der Einführung dieser pantomimischen Arbeit sollte der/die LehrerIn Schritt für Schritt begleiten und Mut machen. Alle Phasen von der Aufbereitung des Textes bis zum Spiel sollten miteinander erarbeitet werden.
3. Das Zeitlupentempo muß behutsam einstudiert werden. Wie geht und steht eine gekrümmte Frau? Welchen Gesichtsausdruck hat sie? Wie zeigt der Synagogenvorsteher seine Empörung? usw.
   Beim ersten Erarbeiten der Pantomime entstehen bereits Gespräche mit lebensgeschichtlichem Bezug: Habe ich Gekrümmtsein schon erlebt? Wann war ich empört?
4. Bei der Rollenverteilung bzw. -wahl können bereits gruppendynamische Aspekte auftauchen.

Johannes möchte den Dämon spielen. Sofort rufen zwei spontan heraus: „Das paßt zu dir. Du bringst sonst auch alles durcheinander und plagst den . . ." Cornelius will Jesus spielen. „Was du?" wirft ein Klassenkamerad ein. Für mich auffallend war, daß Anja bereit war, Synagogenvorsteher zu sein. Sie ist sonst kaum zu bewegen, vor der Klasse etwas zu sagen. War für sie die pantomimische Darstellung eine Hilfe, ihren Willen zur Mitarbeit zu zeigen?

Alle zeigten Interesse und Engagement. Wir hatten viel zu lachen. Insgesamt verging die Zeit viel zu schnell. Ich habe den Eindruck, daß da etwas in Bewegung gekommen ist. Welche Tiefenschichten (vgl. Kommunuikations- und Interaktionsmodell S. 24) das Spiel beim einzelnen angerührt hat, darüber können wir nur spekulieren. Die verschiedenen Äußerungen während der Vorbereitung und beim auswertenden Gespräch zeigten, daß das Wort Gottes hier und jetzt ‚Fleisch geworden' ist. Wie ist der Geist Gottes wirksam? Cornelius hat als Jesus die gekrümmte Frau (Monika) aufgerichtet. Wieviel Nähe und Wärme diese Szene ausstrahlte, kann ich hier nicht wiedergeben.

Zusammenfassung Bibliodrama in der Schule

1. Anfragen und Probleme
Der Zeitrahmen (45-Minuten-Takt) ist ein Hindernis für bibliodramatisches Arbeiten in der Schule.

Wer mehrere Fächer unterrichtet, kann sich auf einen Tag einen Block von 2 bzw. 3 Stunden legen lassen. Dadurch entstehen ungeahnte Möglichkeiten.

Die Lautstärke bei der Vorbereitung kann Klassen nebenan (evtl. Klassenarbeit, Meditation, u. a.) stören. Vorher nachfragen!

Pubertierende sind leicht irritiert, wenn sie mit ihrem Körper vor anderen agieren sollen (Gelächter, Widerstände, Weigerung).

Behutsam in bibliodramatisches Arbeiten einführen (vgl. 3.)! Wichtig ist, daß SchülerInnen und LehrerInnen sich bereits gut kennen und ein gutes Vertrauensverhältnis haben. Die SchülerInnen müssen erfahren haben, daß das *Prinzip der Freiwilligkeit* und ein *geschützter Raum* ernst genommen werden.

2. Die Bedeutung der Leib – Arbeit für die schulische Erziehung

„Erkläre mir und ich werde vergessen. Zeige mir und ich werde mich erinnern. Beteilige mich und ich werde verstehen."

Schüler sitzen oft 6 Stunden am Stück in Reih und Glied auf Stühlen und sind zum Zuhören und passiven Rezipieren verurteilt. Erinnert sei daran, daß schulisches Lernen, wenn es um ganzheitliches Lernen gehen soll, sich nicht nur auf kognitive Intelligenz, sondern auch auf emotionale und körperliche Intelligenz beziehen muß (vgl. D. Golemann).

Gerade bibliodramatische Elemente ermöglichen interaktionales/ interpersonales Lernen und fördern die personale Kompetenz unserer Schüler, sie leisten damit einen wichtigen Beitrag zur schulischen Erziehung.

3. Stufenweise Hinführung zum bibliodramatischen Arbeiten in der Schule

– Öfters Interaktionsübungen einsetzen
– Standbild zu Szenen aus Perikopen und anderen Erzählungen
– Standbilder dialogisieren
– Schüler moderieren selbst ein Standbild
– Pantomime einführen (z. B. der Taschendieb)
– Intensität steigern
   Teil einer Perikope (z. B. der verlorene Sohn kehrt heim)
   Pantomime mit musikalischer Begleitung
   Pantomime mit Bühne (Zuschauer, Vorhänge, musikalische Begleitung, . . .)
– Bibliodrama braucht Voraussetzungen (äußere Rahmenbedingungen, gegenseitige Wertschätzung und Vertrauen, geschützter Raum)

– Bibliodrama bremst die schulische Hochgeschwindigkeitsdidaktik und fördert eine Didaktik der Beziehung und Verlangsamung
– Pars-pro-toto-Prinzip (Nicht alles mit immer denselben Methoden, sondern gezielte Themenauswahl mit verschiedenen Methoden)
– Bibliodramatisches Arbeiten fördert die Achtsamkeit und Aufmerksamkeit, Phantasie und Kreativität und hilft damit zu mehr personaler Kompetenz (interpersonal und intrapersonal).
– Bibliodramatisches Arbeiten fördert den gruppendynamischen Prozeß einer Klasse.

ANMERKUNGEN

[35] vgl. S. 54
[36] Pantel, A., „Machen'se alles Mögliche, aber bloß nicht Bibel", in: KatBl 111 (1986) 8, S. 648
[37] Heidenreich H., Bibliodrama im Boom. Ein Überblick, in: KatBl 119 (1994) 513-522
[38] vgl. Berg S./Berg H.K., Interaktionale Bibelarbeit, in: KatBl (1989) 6
Berg H. K., Ein Wort wie Feuer. Wege lebendiger Bibelauslegung, München 1991
[39] vgl. Goleman D., Emotionale Intelligenz, München 1996
[40] Ders., S. 14
[41] Höfer A., Ins Leben kommen, München 1995, S. 215
[42] Ders., S. 215-235
[43] Bildungsplan Realschule, Baden-Württemberg, S. 366
[44] Höfer A., Gottes Wege mit den Menschen, München 1993, S. 186-188
Ders., Ins Leben kommen, München 1995, S. 228-230
Weitere methodische Anregungen im Sinne einer interaktionalen Bibelarbeit zu dieser Perikope in:
Berg S., Kreative Bibelarbeit in Gruppen, München 1991, S. 128-134
[45] vgl. Goleman D., Emotionale Intelligenz, München 1996, S. 31 ff
[46] Folien und Begleitheft sind zu beziehen über: Katholisches Schulkommissariat in Bayern, Schrammerstr. 3, 80333 München

6. „Ich glaube daran, daß mich manche halten, daß ich nicht abrutsche"

Ein Leporello zum Glaubensbekenntnis der SchülerInnen der Klassen 9 und 10

Themenbezug:
Sinnfrage/Lebensglück
Pubertät
Firmung
Glaubensbekenntnis/Jesus Christus

Alter: ab Klasse 8

Zeit: ca. 3–4 Unterrichtsstunden zusammenhängend oder auch Einzelstunden gut geeignet für Orientierungstage/Besinnungstage

Praxis: Leporello

Praktisches Vorgehen	**Material:** Karton, Wachsmalstifte, Meditative Musik
Vorbereitung **Anweisung**	Plätze herrichten, Malutensilien vorbereiten, Karton falten Thema erklären/ schriftliche Arbeitsanweisung Schneide aus weißem Plakatpapier einen Streifen, falte ihn so, daß 4 Bilder etwa in Postkartengröße entstehen. Die zusammenhängende, harmonikaartig gefaltete Bilderreihe heißt Leporello. Male in 4 Bildern/Szenen dein Glaubensbekenntnis! Dazu kannst du Wachsmalstifte verwenden. Hört dazu meditative Musik! Überlege das Thema des jeweiligen Bildes unter folgender Fragestellung: Was ist für dich wichtig im Leben? Wer oder was hält dich? Welche Situationen in deinem Leben waren für dich so wichtig, daß du heute noch daraus Kraft schöpfen kannst? Worauf vertraust du? Woher kommt es, daß du sagen kannst „Es ist gut, daß es mich gibt"? Das Titelbild kannst du besonders gestalten (z. B. Credo, I believe in) Schreibe anschließend auf ein Blatt Papier zu jedem Bild einen Glaubenssatz. Ich glaube, daß ...
Durchführung	Während des Malens soll nicht gesprochen werden. Meditative Musik unterstützt die Stille.

Besprechung	Die Erfahrung zeigt, daß Klassen eher eine gemeinsame Besprechung in einem Stuhlkreis bevorzugen. Vor allem wenn SchülerInnen noch nicht gewohnt sind, Arbeiten nicht-wertend zu besprechen, sollte der/die LehrerIn zuerst einige Bilder gemeinsam besprechen.
Tiefung	Die Bilder der SchülerInnen liegen jeweils unter ihrem Stuhl.
	Der/die LehrerIn kann sich hinter den/die SchülerIn, der/die sich freiwillig meldet und sein/ihr Glaubensbekenntnis in der Hand hält, stellen und eine Situation der Ruhe und Tiefung[47] anbahnen:
	Schließe deine Augen!
	Spüre, wie der Stuhl dich trägt,
	wie deine Füße fest auf dem Boden stehen!
	Dein Atem kommt und geht. Spüre, wie die Bauchdecke sich hebt und senkt!
	Du hältst etwas Wertvolles, etwas von dir persönlich in der Hand.
	Leg nun deine Bilder vor dich hin!
	Wenn du magst, kannst du deine Bilder der Reihe nach erklären oder bei dem Bild beginnen, das dir besonders wichtig ist.
fokussieren	alternativ/additiv: Schließe deine Augen!
	Welches Bild taucht vor deinem ‚inneren Auge' auf?
Gespräch	Der LehrerIn achtet auf signifikante Details
	auf Gefühle und Körperreaktionen,
	auf Wiederholungen in den Bildern (Farben, Symbole, Grenzziehungen, u. a.).
	Beispiele möglicher Hilfen/Formulierungsbrücken:
	Was sagt die Mutter, das Herz, die Sonne zu . . ., der Bruder zur Schwester?
	Wenn du die kleine Blume wärst, was würdest du zum Baum sagen?
	Positive Erfahrungen sollten hervorgehoben und verstärkt werden (Ressourcenarbeit).
Abschluß	Das Gespräch kann folgendermaßen abgeschlossen werden:
	Ist es gut so für dich? Möchtest du noch etwas sagen?
	Willst du deine KlassenkameradenInnen dazu hören?
	(Auf nicht-wertende Beiträge in Ich-Form achten!Bewertende Du – Botschaften eher zurückweisen!)
	Formuliere zu jedem Bild einen Glaubenssatz!
	Z. B. Ich glaube, daß die Menschen, die mich mögen, zu mir stehen. Ich kann mich auf sie verlassen.
gemeinsamer Abschluß: meditative Körperübung	„Im Stande sein"[48] (Glauben/hebr. aman – sich festmachen, einen festen Stand haben)

Schülerbeispiele

1. Bild

2. Bild

3. Bild

4. Bild

Ich glaube an Freundschaft, Liebe und Geborgenheit. Ich glaube, daß jeder Mensch Liebe und Geborgenheit braucht, um leben zu können.

Ich glaube, daß die Menschen ohne Natur nicht überleben können. Ich glaube an die Kräfte der Natur. Ich glaube, daß die Natur unser Zuhause ist.

Ich glaube an Gott. Ich glaube, daß er Alpha und Omega ist, der Anfang und das Ende. Ich glaube, daß es ohne ihn keine Menschen gibt. Ich glaube, daß es ohne ihn keine Liebe und Freundschaft gibt.

Ich glaube, daß meine Freunde mir Mut und Hilfe geben können.

Bild 20: Christian, 15 Jahre

Reflexion: Gestalt und dynamische Balance

Jugendliche setzen sich in ihren ‚Glaubensbekenntnissen' in erster Linie mit ihren Wünschen und Zielen, ihren positiven Erfahrungen, weniger mit ihren Problemen auseinander. Ihre Probleme und Schwierigkeiten stecken eher unterbewußt/unbewußt in den Bildern. Oft sind ihre Ziele gleichsam Kraftquellen, aus denen sie momentan schöpfen: Da ist die Familie oder der Freundeskreis, die ihnen Sicherheit und Geborgenheit schenken. Aber auch die Schönheit der Natur oder Dinge (z. B. Mofa, Computer) füllen sie derzeit so aus, daß sie sagen können „Es ist gut mit mir". All das, was die einzelnen SchülerInnen nennen und malend reflektieren, hat den Charakter von profanen Sakramenten[49]. Mit Boff kann man sagen, die jungen Menschen haben das Empfinden für Symbolisches und Sakramentales nicht verloren. Sie wissen und spüren genau, was sie brauchen, woraus ihnen Kraft zuwächst. Sie haben einen Traum von einer vollkommenen Wirklichkeit. Warum kann die Freundschaft in einer Gleichaltrigengruppe oder andere Erfahrungen, die Geborgenheit vermitteln, nicht sakramentales Medium der göttlichen Gnade sein?

Schüleräußerungen

Fast alle SchülerInnen nennen *Familie, Freundeskreis, Gemeinschaft und Liebe* als Kraftquelle.

Gott sei Dank, daß mich immer manche halten, daß ich nicht abrutsche. Cornelius, 14 Jahre

Meine Familie schenkt mir Glauben, Zuversicht und Liebe. Durch sie weiß ich, daß es sich lohnt zu leben. Meine Freunde mögen mich und ich weiß, daß sie mich nie im Stich lassen. Melanie, 15 J.

Die Gemeinschaft ist in meinem Leben sehr wichtig, denn, wenn man Außenseiter ist, hat man es sehr schwer. Man verliert dann vielleicht seinen Glauben an sich selbst. Markus, 16 J.

Für mich ist Freundschaft und die Liebe sehr wichtig, sei es gleichgeschlechtlich oder verschiedengeschlechtlich. Es ist schön, ich brauche die Freundschaft, ohne sie kann ich nicht leben.
Matthias, 15 J.

Für mich ist meine Familie sehr wichtig. Es ist wichtig für mich zu sagen: Hier bin ich zu Hause. Hier finde ich Schutz. Andreas, 17 J.

Das ist mein Heimatdorf. Ich glaube an es. Ich möchte nirgendwo anders leben als daheim. Ich kenne die Umgebung meine Mitmenschen – das ist schön. Matthias, 15 J.

Weitere Themen in den Glaubenssätzen: Natur/Schöpfung/Leben, Gerechtigkeit, Frieden, Weiterleben nach dem Tod, Jesus Christus.

Wenn wir mit den Jugendlichen die Glaubensbilder besprechen, haben wir die Chance, das herauszufinden, was sie in ihnen als Kraftquelle, als Ressource[50], schon steckt oder welche Ressourcen sie von außen erfahren. Das gilt es bewußt zu machen und zu verstärken. Würden wir nur ihre Probleme hervorheben und ‚analysieren‘, bestünde die Gefahr, Schuldgefühle zu erzeugen, die die Probleme nicht lösen. Als LehrerIn kann ich die SchülerInnen ein Stück weit in ihrer Suche nach Ressourcen begleiten, mit ihnen abwägen, ob die Ziele nicht zu weit gesteckt sind, ob sie realistisch sind. Wie sieht dein gegenwärtiger Zustand aus, wie dein erwünschter? Was möchtest du verändern? Was kannst du selbst dabei tun? Ressourcenreiche Zustände kann man mit Hilfe von Ankern nutzen – ein wirksamer Weg, um Verhalten zu ändern. Ein Stimulus, der mit einem physiologischen Zustand verbunden ist und ihn auslöst, wird im NLP ein *Anker*[51] genannt (z. B. Lieblingsfotos, Gerüche, die Stimme eines geliebten Menschen). Positive emotionale Ressourcen aus vergangenen Erlebnissen können so in gegenwärtige Situationen übertragen werden.

In den Gesprächen wurde immer wieder deutlich, daß die Ziele und Werte nicht einfach zu erreichen sind, sondern einer Anstrengung bedürfen. Die Werte (z. B. Liebe, Frieden, Freundschaft) sind nicht einfach durch einen Willensakt zu erreichen, sie haben eine dialektische Struktur. In diesem Zusammenhang habe ich mich an das *Wertequadrat*[52] von Helwig erinnert. Die Grundaussage lautet: Ein Wert (Leitprinzip, Persönlichkeitsmerkmal) kann nur dann zu einer konstruktiven Wirkung gelangen, wenn er sich in ausgehaltener Spannung zu einem positiven Gegenwert befindet. Ohne diese ausgehaltene Spannung (Balance) verkommt ein Wert zu seiner Entartungsform, zu seiner entwertenden Übertreibung (vgl. Abb. Wertequadrat). Als LehrerIn kann ich in der Begleitung das Spannungsverhältnis in der Zielvorstellung der/des SchülerIn aufspüren und das verstärken, was sich der/die SchülerIn sich als kurzfristiges Ziel setzen will.

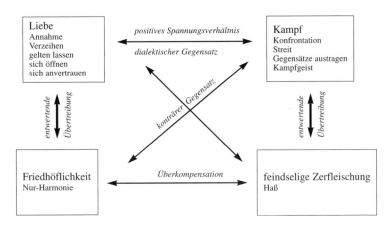

Abb 11: Wertequadrat

Mit dem Wertequadrat können wir den Blick dafür schärfen, daß sich im Problem (Fehler) zunächst nichts Schlechtes im Sinne von Böses manifestieren muß. Vielmehr läßt sich darin auch ein positiver Kern entdecken, der zu schätzen ist. Nur dessen Übertreibung wird zum Problem. Jeder Mensch mit einer bestimmten Eigenschaft verfügt auch über den Gegenpol, den er in sich entdecken und entwickeln kann. Das angestrebte Ideal ist also keine feste Größe, sondern eine *dynamische Balance*. „Die ‚Gestalt' ist nie ein abgeschlossenes System. ‚Gestalt' bedingt Dynamik und Werden."[53] Betrachten wir das Wertequadrat als Entwicklungsquadrat, so erkennen wir die Entwicklungsrichtung eines Menschen.

In einer weiteren Unterrichtsstunde haben wir die Glaubensbekenntnisse mit dem Apostolischen Glaubensbekenntnis verglichen. Die Entsprechungen und Ähnlichkeiten waren für die SchülerInnen verblüffend:

Ich glaube an Gott, den Schöpfer des Himmels und der Erde Gott ist **für uns.**	Ich glaube an das Leben, denn es ist gut. Es ist gut, daß es Pflanzen und Tiere gibt. Sie verschönern das Leben. Ohne Natur können wir nicht überleben. Die Landschaft und das Haus drücken mein Bedürfnis nach einem Zuhause aus. Der Baum zeigt die kraftgebende Hilfe der Natur, die Sonne die lebensspendende und Wärme ausstrahlende Kraft. Die Natur ist das Schönste auf der Welt. Ich danke Gott, daß er sie erschaffen hat.
Ich glaube an Jesus Christus. Gott ist **mit uns.** Er schickt uns seinen Sohn.	Ich glaube an Jesus Christus. Ohne ihn gibt es keine Liebe und Freundschaft. Ich glaube, daß ich auf dem Weg zu Christus zwar einige Umwege gehen werde, aber ich werde zum richtigen Ziel gehen.
Ich glaube an den Hl. Geist. Gott ist **in uns.**	Ich glaube an das Gute in den Menschen. Auf dem Weg zum Ziel meines Lebens gibt es viele Abweichungen. Aber ich glaube, daß ich auf dem richtigen Weg bin. Ich hoffe, daß es in Zukunft keine Rassenunterschiede gibt und alle Menschen in Frieden zusammenleben.
von dort wird er kommen, zu richten die Lebenden und die Toten.	Ich glaube, die Gerechtigkeit findet immer einen Weg.

Ich glaube an die heilige katholische Kirche, Gemeinschaft der Heiligen.	Die Gemeinschaft ist in meinem Leben sehr wichtig, denn, wenn man Außenseiter ist, hat man es sehr schwer. Man verliert dann vielleicht seinen Glauben an sich selbst. Das ist mein Heimatdorf. Ich glaube an es. Ich möchte nirgendwo anders leben als daheim. Ich kenne die Umgebung, meine Mitmenschen – das ist schön ... Ich glaube an die Gemeinschaft zwischen den Menschen. Diese herrscht vor allem in den Vereinen.
Ich glaube an die Auferstehung der Toten und das ewige Leben.	Ich glaube, daß mit dem Tod nicht alles aus ist. Gott beschützt mich vor dem Bösen und gibt mir das ewige Leben. Er besiegt den Tod.

ANMERKUNGEN

[47] vgl. Höfer A., Gottes Wege mit den Menschen, a.a.O., S. 37-38
[48] Rendle u. a., Ganzheitliche Methoden im Religionsunterricht, München 1996, S. 49-50
[49] vgl. Boff L., Kleine Sakramentenlehre, Düsseldorf 1984
[50] O'Connor/Seymour, Neurolinguistisches Programmieren: Gelungene Kommunikation und persönliche Entfaltung, a.a.O., S. 29, 38
[51] dies., S. 95 ff
[52] zitiert bei Schulz von Thun F., Miteinander reden 2. Stile, Werte und Persönlichkeitsentwicklung, Reinbek 1989, S. 38 ff
[53] Klaushofer J.W., Komm zu (m)einem Dia-Vortrag! in: KatBl 121 (1996) 386-395

7. „Die Melodie, die aus dir herauskommt, ist schön"

Imaginationsübung – Phantasieübung – Phantasiereise[54]

Das Imaginieren ist ‚bewußtes Träumen', eine Methode, die Menschen seit jeher angewandt haben. Sie lebt davon, daß Menschen ihren Vorstellungen freien Lauf lassen und die inneren Bilder kommen lassen, die vom Willen und vom Verstand nicht zu beeinflussen sind. Mit Hilfe von Anleitungen zur Entspannung tauchen im Imaginieren Bilder und Gedanken auf, die vom Willen unabhängig sind und unbewußten Quellen entspringen. Dabei ist vor allem die rechte Gehirnhälfte des Menschen aktiv. In der Gehirnbiologie wird davon ausgegangen, daß die rechte Gehirnhälfte mehr die musischen, kreativen und emotionalem Potentiale des Menschen beeinflußt, die linke Gehirnhälfte dagegen den Bereich der Kognitionen und des analytischen Denkens steuert. Die imaginativen Vorstellungen können bildhaft sein, mehr von Formen und Farben bestimmt, sie können sich aber auch durch eine Geruchserinnerung oder -vorwegnahme, durch eine Berührungserinnerung oder durch akustische Erinnerungen oder Erwartungen ausdrücken. Wird in Lernprozessen neben der linken auch noch die rechte Gehirnhälfte angesprochen, so ist eine Zunahme von Kreativität und Emotionalität zu beobachten. Das Imaginieren beginnt immer mit einer Einführung in die Entspannung. Der entspannte Zustand trägt dazu bei, das Lernpotential besser auszunützen und optimales Lernen zu fördern. Innere Bilder bringen Verdrängtes ins Bewußtsein, sie haben heilende Kraft und teilen uns unsere Stärken und Schwächen mit. Die aufsteigenden Bilder reichen tiefer als der Verstand und helfen, uns selber zu verstehen und uns in unseren Fähigkeiten zu entfalten. Die Bilder der Imagination sind erst einmal wortlos und tauchen oftmals synchron und überlappend auf. Erst in einem zweiten oder dritten Schritt wird bei der Arbeit mit Imaginationen die linke Gehirnhälfte mit ihren sprachlichen und analytischen Fähigkeiten aktiviert, um Bilder zu deuten. Phantasieübungen dienen neben anderem auch dazu, Kontakt mit inneren Bildern und Erfahrungen zu bekommen, sie können eine affektive Aufladung des Lerngegenstandes bewirken. „Die Welt der Imagination ist eine Welt von anderen Möglichkeiten, die wir auch haben. In ihr drückt sich die menschliche Sehnsucht nach dem ‚Ganz Anderen' aus – letztlich nach dem Göttlichen, und auch unsere Möglichkeiten, das ‚Ganz Andere' zu erfahren und im Dialog damit stehend zu gestalten."[55] „Jede Erziehung, die Menschen offen machen will für den Weg der Selbstwerdung und der Gottesbegegnung, tut deshalb gut daran, das ‚Wahrnehmungsorgan' für Gott zu schulen, indem sie bildhaftes Denken fördert, die Selbstwahrnehmung unterstützt und vor allem einen Raum an Geborgenheit und Sicherheit schafft, in dem Gefühle offen zugelassen und durchlebt werden können, vom Verstand reflektiert, aber nicht von ihm abgewehrt."[56]

Somit ist die Imagination ein Beitrag zur ganzheitliche Erziehung und zur Humanisierung der Schule.

Ziele der Imagination können folgende sein:

- Mit gelenkten Bildern kann innere Ruhe, Konzentration und Ausgeglichenheit gefördert werden. Oftmals berichten SchülerInnen, daß die Probleme und andere ablenkende Gedanken in den Hintergrund treten.
- Das Lernen von kognitiven Inhalten wird durch innere Bilder unterstützt.
- Aufgrund der Arbeit mit bislang unerschlossenen Bildern der Psyche geben sie Anregungen für die Arbeit an der eigenen Person, stärken das Selbstwertgefühl und geben Raum, sich mit den eigenen Wünschen und Ängsten auseinanderzusetzen.
- Auch Gruppenprozesse können mit Hilfe von Imaginationen unterstützt und reflektiert werden.

Grundsätzliche Überlegungen zur Übungsanleitung

- Der Raum sollte günstige Rahmenbedingungen haben. Er sollte nicht zu hell sein. Wenn starker Lärm von außen zu hören ist, so ist dies eine erhebliche Störung, die eine Imagination und Entspannung behindern.
- Wenn die Kinder oder Jugendliche liegen sollen, so sind Decken notwendig, manchmal reicht auch ein Teppichboden.
- Im Liegen ist die Rückenlage sinnvoll, die Beine kippen leicht nach außen, die Arme liegen seitlich am Körper. Die Teilnehmer liegen kreisförmig um eine Mitte – den Kopf zur Mitte hin.
- Im Sitzen ist es anfangs leichter, wenn die Kinder oder Jugendliche den Kopf mit verschränkten Armen auf dem Tisch legen, da hierbei die Scheu, mit geschlossenen Augen aufrecht zu sitzen, wegfällt.
- Zu Beginn der Entspannung werden die Auflagenflächen wahrgenommen: Füße, Beine, Gesäß, Rücken, Schultern.
- Die Augen werden geschlossen.

– Der Atem wird in seinem Kommen und Gehen wahrgenommen. Es ist wichtig an das Prinzip der Freiwilligkeit zu erinnern: Jede/r darf aussteigen aus der Übung, wenn sie /er merkt, daß es notwendig ist. Auch ist es unbedingt erforderlich, daß niemand zum Mitmachen gezwungen wird. Es ist immer wieder erstaunlich, wie der anfängliche Widerstand sich in Begeisterung auflöst, wird er erst einmal zugelassen.

– Die Übung wird ruhig, in langsamen Tempo und mit Pausen gesprochen.

Methodische Schritte

Einleitung und Entspannung (Vorbereitungsphase)
Der/die LehrerIn führt die Kinder und Jugendlichen in einen Zustand, in dem sie entspannt sind. Musik kann die Entspannung unterstützen.

Die Augen sind dabei in der Regel geschlossen. Manchen Kindern und Jugendlichen fällt dies anfangs nicht leicht, doch dies übt sich ein und wird mit der Zeit selbstverständlich. Einige Kinder „träumen" auch mit offenen Augen.

Die Einleitung sollte thematisieren:
– Körperhaltung (sitzend, stehend, liegend)
– Schließen der Augen
– Sicherheit und Wohlbefinden
– Atem
– Ruhe und Entspannung
– Hören und Sich-vorstellen.

Durchführung (Imaginationsphase)
Es folgt die eigentliche Phantasieübung, wobei die freie und gelenkte Form zu unterscheiden sind. In der Praxis hat sich eine Mischform bewährt:
einen gemeinsamen Rahmen schaffen,
Erfahrungen anregen,
dann Raum geben für eigene Erlebnisse der Kinder und Jugendendlichen.

Durch die Anweisungen („du spürst . . .", „es kann sein, daß du . . .", „vielleicht wirst du . . .") wird das Denken „vergessen". Während der Entspannung wird ein Körperbewußtsein erzeugt, das vom logischen Bewußtsein zum meditativen Schauen führt. Anstelle der rationalen Wachheit entsteht ein Weitwinkelbewußtsein, das die innere Phantasie freisetzt.

Zurückholen (Rückholphase)
Nach Durchführung der Übung werden die Kinder und Jugendliche wieder in die Realität zurückgeholt. Dies geschieht durch ein allmähliches Lauterwerden der Stimme und mit Hilfe entsprechender Formulierungen wie „Ich nehme Abschied von ..." oder „Allmählich kehre ich wieder in diesen Raum zurück ..." oder „Wir steigen langsam die Treppen hoch, zuerst die erste, dann die zweite, dann ..."
Schließlich werden die Kinder und Jugendlichen aufgefordert, tief zu atmen, sich zu recken und zu strecken, wieder ganz da und hellwach zu sein.
Die Augen werden geöffnet und es wird mit den Augen Kontakt zum Raum und den Anwesenden hergestellt.

Gefahren
Es kann auch passieren, daß einzelne nicht in die Realität zurückkommen. Dann ist es dringend notwendig, daß der/die LehrerIn zu diesem Mädchen oder Jungen hingeht. Dieses Kind oder dieser Jugendliche muß dann noch einmal einzeln zurückgeholt werden. Hilfreich ist es mit Körperübungen zu arbeiten: So sollte sich diese Person hinstellen um wieder „Boden unter den Füßen zu haben" oder sich schütteln „um die Rolle abzuschütteln".

Auswertung (Gestaltungsphase)
Phantasien sind flüchtig wie Träume, und es geht nun darum, das Erlebte, Gehörte, Ausgedachte, Gefühlte oder Vorgestellte zu konkretisieren.
Erfahrungen werden in Partnergesprächen oder im Plenum ausgetauscht. Dabei ist es notwendig, einfühlend zuzuhören, nicht zu fragen oder zu bohren, nicht zu interpretieren. Satzbrücken, wie „Ich denke an ..." oder „Als ... denke, fühle, sage ich ...", die bei jeder Aussage ritualisiert verwendet werden und ein Redestein, der vom einen zur anderen weitergereicht wird, helfen, die Erfahrungen ins Gespräch zu bringen.
Neben der verbalen Auswertung bieten sich natürlich alle kreativen Methoden wie das kreative Schreiben, das Malen und Gestalten in Wachs oder Ton sowie die Verklanglichung der Erfahrungen und Erlebnisse an.

Für jede Imagination und Phantasiereise gilt jedoch, daß der/die LehrerIn diese Übung schon einmal selber miterlebt hat.

Praxis: Ich höre dich – eine gelenkte Phantasieübung

Praktisches Vorgehen

Ich höre dich

Ziel

Wahrnehmen, daß wir Geräusche hören, oft achtlos überhören; daß Geräusche uns stören und nerven können. Sich erinnern, daß wir auch nach „innen" hören können, daß das Gehörte uns das Gefühl des Akzeptiert- und Geliebtseins vermitteln kann, aber auch das Gefühl der Ablehnung, so daß wir uns am liebsten „die Ohren zuhalten" würden.

Das Gerufenwerden von Gott wahrnehmen und (erneut) zulassen. Der Zusage „Ich höre Dich – ich höre Dir zu" nachspüren.

Anweisung (Imaginationsphase)

Stell dir vor, du sitzt oder liegst entspannt in deinem Zimmer. Das Fenster ist geöffnet, es ist angenehm warm. Die Sonne scheint auf deine Beine und Arme, du fühlst die angenehme Wärme. Vielleicht kannst du Gerüche aus dem Garten wahrnehmen.

Nichts stört oder belastet dich. Ruhig und gelassen hörst du allen Geräuschen zu. Vielleicht nimmst du den Autolärm auf der Straße wahr, vielleicht das Lachen von Kindern, oder das Rascheln einer Amsel oder die Blätter im Wind. Was hörst du? Laß alles kommen und gehen.

Jetzt schließt du deine Ohren ganz bewußt, du schirmst dich von allen Geräuschen ab und lauschst nach innen. Du hörst, wie dich jemand beim Namen ruft -ganz zärtlich und liebevoll. Es ist ein schönes Gefühl: Ich bin angenommen. Da ist jemand, der mich gern hat. Jemand, der mich versteht, der meine Sorgen und Verletzungen kennt. Und nun stell dir vor, daß dich jemand ganz streng beim Namen ruft. Laut und bestimmt. Was spürst du? Vorwurf? Ablehung? Verletzung? Welche Sätze und Worte fallen dir ein, bei denen du dir am liebsten die Ohren zuhältst?

Welcher Satz ist der schlimmste für dich? Was würdest du in dieser Situation am liebsten sagen oder tun?

Und mitten in deine Überlegungen hinein, in deine Verletzung hinein, ruft dich Gott. Er ruft dich liebevoll bei deinem Namen: DU! Kannst du es zulassen? Willst du weiter zuhören? Willst du ihm dein Ohr schenken?

Er sagt zu dir: Du, ich mag dich, so wie du bist. Es ist gut, daß es dich gibt. Geh deinen Weg mutig weiter. Wenn du willst, so sag mir deine Sorgen, das Schlimme, was dich verletzt. Ich verstehe deine Wut und deine Verzweiflung. Ich höre dir zu.

Auswertung (Gestaltungsphase)
In Einzelarbeit schreibt jeder/jede das Gehörte auf: einen fiktiven Brief schreiben, an die Person die mich verletzt hat; ein (Dank-) Gebet an Gott formulieren.

Patrick bringt mich auf die Palme, mit dem Satz: „Na, Asterid wie gehts denn?" Nur weil im Kino im Film „Asterix in Amerika" war. Alles was er mit diesem Film mit mir in Verbindung bringt, ärgert mich. Oft wünsche ich mir, daß er oder ich überhaupt nicht leben würd, so nervt er mich damit, stellt mir Fragen über den Film (und in was für einem Tonerdas immer sagt) Ich sage dann nichts, Ich blocke einfach ab.

Kl. 9d   15 Jahre   Immanuel

Gebet

Mein gott?
Ich danke dir das ich meine Sorgen an dich weitergeben kann.
Es ist schön das es dich gibt, und das du mich magst? Danke mein Gott das du mir hilfst.

Danke, Lieber Gott
ich freue mich das
du mir das
sagst.

Gott sagt zu mir:

Du (Georg) .....
ich mag dich, so wie du bist
Es ist gut das es dich gibt.
Wenn du willst, sag mir deine
sorgen, deinen ärger, das schlimme.

Ich höre dir zu
Ich verstehe dich.

Klasse 5 Gebete

Meine Kindheit

Ziel

Diese Phantasiereise in die Vergangenheit ermöglicht den Teilnehmern, sich an wichtige Kindheitssituationen zu erinnern. Dabei werden manche Situationen sehr plastisch als innere Bilder aufsteigen (rechtshemisphärisches Denken), dabei können Emotionen von damals wieder auftauchen.

Wenn die Teilnehmer anschließend von ihrer Kindheit erzählen, können die anderen daran teilnehmen und somit ihre Klassenkameraden/Gruppenmitglieder besser kennenlernen.

Anweisung

1. Legt euren Kopf in die Armbeuge (alternativ: Alle liegen sternförmig auf dem Boden mit dem Kopf zur Mitte)!
2. Tiefung (Konzentration auf den Körper, Atmung)
3. Phantasiereise

Stell dir vor, ein Zauberer hat dich in deine Kleinkindzeit zurückversetzt. Du siehst dich so klein, wie dein Erinnerungsvermögen zurückreicht. Wie alt bist du? 3 oder 4 Jahre?

Schau, wie du bekleidet bist! Hast du deine Lieblingskleider an? Welche Farben sind es?

Wer ist bei dir? (Mutter, Vater, Oma, Geschwister, ...)

Was sagen sie zu dir?

Wie hast du dich beschäftigt? Worüber hast du dich gefreut?

Der Zauberer führt dich in deine Kindergartenzeit. Du bist 5 oder 6 Jahre alt.

Schau, was du an hast! Womit hast du besonders gerne gespielt? Wer waren deine Spielkameraden? Wo habt ihr besonders gerne gespielt? Hast du jemand besonders gern gehabt? Wer hat dich oft geärgert?

Verabschiede dich aus dieser Zeit und „fliege" mit dem Zauberer in deine Grundschule! Wen siehst du da zuerst?

Wer waren deine Klassenkameraden und Klassenkameradinnen?

Auf welchem Platz hast du gesessen?

Manche hast du eher gemocht, andere weniger ...

Was hast du in dieser Schule gerne gemacht?

Was hat dich geärgert?

Schließlich nimmt der Zauberer dich mit hierher in diese Schule.

Wer taucht in dir auf? Was siehst du alles? Welche Räume siehst du? Wer sitzt neben dir?

Wer hilft dir im Schulalltag, bei den Hausaufgaben?

Wie erlebst du diese Schule?
Was macht dir Freude und Spaß? Welche Ängste plagen dich manchmal?
Zurückholung:
Der Zauberer holt dich wieder aus deiner Phantasiereise zurück und begleitet dich aus der „Tiefe".
Ihr geht Treppen nach oben. Zuerst die erste, dann die zweite ... (die Stimme wird lauter).
Jetzt bist du wieder da. Öffne die Augen, strecke Arme und Beine und schüttle sie kräftig aus!

4. Auswertung:
Bildet Kleingruppen (3 TeilnehmerInnen), sucht am besten jemand, den ihr noch nicht gut kennt!
Und erzählt euch von eurer Vergangenheitsreise!

ANMERKUNGEN

[54] vgl. Rendle, u. a. „Ganzheitliche Methoden im Religionsunterricht", München 1996, S. 69 ff
[55] Kast V., Imaginationen als Raum der Freiheit. Dialog zwischen Ich und Unbewußtem, Olten 1988, S. 14-16
[56] Fischedick H., Von einem, der auszog, das Leben zu lernen. Glaube und Selbstwerdung, München 1988, S. 156-157

8. „Ich passe hier an meinen Platz und bin etwas wert. Ich muß nur die Augen aufmachen und mich richtig ansehen"

Eine Fabel wird zur frohmachenden Botschaft.
Klasse 7 – Wer bin ich?
Aufbruch in die Selbständigkeit

<u>Themenbezug:</u> Sinnfrage
Selbstwerdung
Pubertät

<u>Alter:</u> ab Klasse 7

<u>Zeit:</u> ca. 3 Unterrichtsstunden

Praxis: Phanthasiereise und kreatives Malen

Praktisches Vorgehen   <u>Material:</u> DIN A 3 – Papier, Wachsmalstifte, meditative Musik

1. Stunde	
Vorbereitung	Arbeitsplätze herrichten
Phantasiereise/ Körperübung	Die Schüler/innen stehen neben ihrem Stuhl. Auf Bewegungsraum achten. Sie kauern sich zusammen – vergleichbar einem kleinen Baum, der aus der Erde wächst. Alle schließen die Augen. Anweisung: Stell dir vor, du bist ein kleiner Baum und beginnst zu wachsen. Du spürst die Sonnenstrahlen auf deinen Blättern – der Frühling ist da. Langsam streckst du dich der Sonne entgegen. Du entfaltest deine Blätter. Blatt für Blatt, Zweig für Zweig wächst du nach oben – der Sonne entgegen. – Du entfaltest wunderschöne Blüten. Sie duften so wunderbar, daß viele Insekten zu dir kommen, um Nektar zu holen. Nach und nach werden aus den Blüten kleine Früchte, die im Sommer heranreifen. Du entfaltest dich zu einem wunderschönen Baum, der seine Früchte trägt. Die Menschen kommen vorbei und betrachten dich. Tiere suchen unter deinem Blätterdach Schatten und Schutz. Im Wind bewegen sich deine Blätter, sie rascheln und rauschen in der Abendstille. – So vergehen die Tage, und es wird Herbst. Die Blätter verfärben sich. Buntes Laub fällt auf den Boden. Die Vögel holen von den Früchten. Schließlich sind alle Blätter abgefallen, und du bereitest dich auf den Winter vor. Es wird still in der winterlichen Landschaft.

Gestalten	Anweisung
	Male deinen Baum. Du kannst das ganze Blatt ausfüllen. Du kannst dir eine Jahreszeit aussuchen. Überlege, welche Tiere zu dir auf Besuch kommen. Wo stehst du als Baum? Was ist um dich herum?
	Während der Gestaltungsphase sollten die SchülerInnen Stille bewahren. Meditative Musik unterstützt die Stille.

2. Stunde

Besprechung	Wir sitzen in einem Stuhlkreis. Alle legen ihren Baum umgedreht unter den Stuhl.
	Wer sein Bild besprechen möchte, legt es vor sich auf den Boden.
	Wir gehen nach folgendem Vorschlag vor. Alle können sich am Gespräch beteiligen:
	1. Ich sehe ...
	einen kräftigen Stamm
	viele grüne Blätter
	links oben sitzt ein Schmetterling usw.
	2. Ich sehe nicht/kein ...
	Der Baum hat keine Wurzeln.
	Da sind keine anderen Bäume. usw.
	3. Als Stamm fühle ich ...
	Wenn ich Krone wäre ...
	4. Ich wünsche dir Baum, ...
	daß du nicht so allein stehen mußt.
	daß jemand kommt und deine Äpfel erntet.
	daß dich jemand gießt. usw.
	5. Schließe deine Augen und halte Zwiesprache mit deinem Baum!
	Was sagst du zu deinem Baum?
	Was sagt der Baum zu dir?
	SchülerInnen können während der Besprechung manches körperlich nachvollziehen: Wiegen im Wind, sich der Sonne entgegenstrecken u. a.

3. Stunde

Eine Fabel „Ein Baum erzählt"[57]
„Als ich noch ein kleiner Baum war, merkte ich nichts. Aber als ich dann heranwuchs und mich selbst betrachtete „fiel mir der Unterschied auf. Ich war klein, knorrig, ein wenig krumm und verwachsen. Die anderen Bäume, die ich sehen konnte, waren dagegen prächtig: machtvolle Buchen mit einer riesigen Krone, hohe schlanke Tannen und Bergahorn, der im Herbst herrlich gelb leuchtete. Ich stehe, müßt ihr wissen, an einer Felswand auf einem schmalen Vorsprung und habe meine Wurzeln in das bißchen Erde und in die Felsritzen gekrallt.
Ich träumte davon, groß und schön zu werden; meine Krone sollte sich im Wind wiegen, der Regen meine Blätter streicheln und die Sonne wieder trocknen. Aber ich blieb klein. Der Wind fegte durch meine Äste, wenn er auf die Felswand zublies, und die Sonne wärmte mich nur bis Mittag, bevor sie hinter der Felswand verschwand, um nur die Bäume im Tal und am gegenüberliegenden Berghang zu bescheinen.
Warum mußte ich gerade hier stehen? Aus dem bißchen Erde konnte ich nicht genug Kraft schöpfen um heranzuwachsen und all meine Schönheit, die doch in mir steckt zu entfalten. Ich war unzufrieden mit meinem Schicksal. Warum mußte ich so sein und so werden?

Eines Tages, an einem schönen Vorfrühlingsmorgen, als die Erde vom Tal bis zu mir herauf duftete, die Singdrosseln ihr Lied begannen und mich die allerersten Sonnenstrahlen küßten, durchrieselte es mich warm und wohlig. Was für eine herrliche Aussicht! So weit wie ich konnte kaum ein anderer Baum ins Tal und in die Ferne sehen. Die Felswand hinter mir beschützt mich vor der eisigen Kälte, die vom Gletscher herunterweht. Von diesem Tag an begann ich nachzudenken, und langsam wurde mir klar: Ich bin „so wie ich bin, etwas Besonderes. Meine Besonderheit ist meine krummer Stamm, sind meine knorrigen Wurzeln, meine kurzen, kräftigen Äste. Ich passe hier an meinen Platz und bin etwas wert. Ich muß nur die Augen aufmachen und mich richtig ansehen. Die anderen Bäume, die Tannen am Hang gegenüber und die buchen im Tal, haben ihre Schönheit und sind richtig an dem Platz, wo sie stehen. Aber auch ich habe meinen Platz und stehe richtig auf meinem Felsvorsprung. Warum hat es nur solange gedauert, bis ich das erkannt habe?"

Wir lesen die Fabel	1. Jede/r liest für sich still. 2. SchülerInnen lesen laut im Wechsel.
Erarbeitung	Wie gefällt euch die Fabel? Weshalb ist der Baum zunächst unzufrieden? Er nimmt sein Schicksal an. Er ist zufrieden. Was hat seine Haltung verändert? Untersucht die Fabel!

vor der Wandlung	nach der Wandlung
Ich zweifle an mir, weil …	Ich finde gut an mir …

| Abschluß | Lies die Fabel nochmals durch und nimm einen Satz heraus, der dir besonders gefällt. Du kannst damit eine Spruchkarte gestalten.
Beispiele
Ich bin so, wie ich bin.
Ich bin etwas Besonderes.
Ich passe hier an meinen Platz.
Ich bin etwas wert.
Ich muß nur die Augen aufmachen und mich richtig ansehen.
Ich habe meinen Platz und stehe richtig. |

Reflexion: Suche nach Identität

In der 7. Klasse sind viele SchülerInnen bereits im Wechsel von der vorpuberalen zur puberalen Lebensphase.

Das bringt Körpersensationen mit sich: Stimmbruch, Längenwachstum, ungleiches Wachstum mancher Körperteile (z. B. Nase/Akromegalie), Menarche, Pollution. Zuvor ‚sprudelnde' Kinder sind plötzlich ganz ruhig und erröten, wenn sie angesprochen werden. Andere werden lebendiger, ‚wachen auf', manche sind impulsiver.

Jungen und Mädchen sitzen weit voneinander. Oft wird gekichert. Briefchen werden ausgetauscht. Freundschaften entstehen und vergehen oft wieder schnell. Insgesamt tritt eine Verunsicherung ein. Eltern berichten oft von den Veränderungen, die sie gar nicht erwartet hätten. In dieser Zeit tauchen Fragen auf: Wer bin? Wie geht das alles weiter mit mir? Wie sehe ich denn aus? In dieser Zeit der verstärkten Identitätssuche kann auch schulische Erziehung und ganz besonders der Religionsunterricht begleiten, um einer Identitätsdiffusion vorzubeugen oder entgegenzuwirken. Die Bäume spiegeln die Jugendlichen wider: knorrige Äste, keine Blüten und Früchte, ohne Verwurzelung im Boden, manchmal ganz alleine als kahler Stamm auf weiter Flur. Die Unzufriedenheit darüber kommt in der Besprechung (Ich sehe ... Ich sehe nicht ... Ich wünsche dir Baum ...) zum Ausdruck. Diese Unzufriedenheit kann ohne Schwierigkeit geäußert werden, denn es sind ja Bäume. Die eigene Unzufriedenheit, die Sehnsucht nach einem anderen in mir wird auf den Baum projiziert,. Damit ist es ausgesprochen. Das tut gut. Und da erzählt in der Fabel ein Baum das gleiche. „Der sieht wohl aus wie meiner", sagt Stefan nach dem Lesen. Durchdenken aber die Jugendlichen die Fabel, so zeigt sich eine Zufriedenheit, ein „Jetzt hat er's kapiert" breit. Wir mußten es gar nicht aussprechen, es stand im Raum, daß jede/r der Baum sein kann und zuweilen auch ist. Aber die Unzufriedenheit bleibt nicht, es gibt immer wieder Situationen, die mich sagen lassen: Es ist gut so mit mir. Ich mag mich. Ich kann mich gut leiden. Ich bin etwas Besonderes. Ich habe meinen Platz und stehe richtig.

Die Fabel wird zur frohmachenden Botschaft. Düfte des Vorfrühlings, das Lied der Singdrossel, die Sonnenstrahlen erzeugen eine wohlige Wärme und bringe eine Wandlung zustande. Diese Fabel ist wie ein Gleichnis Jesu: Die Tagelöhner, die erst zu vorgerückter Stunde die Arbeit im Weinberg aufnehmen, erhalten trotzdem den vollen Lohn. Die Zuwendung ist nicht Verdienst, ist Geschenk. Die Geschichten Jesu sind Profangeschichten aus der Lebenserfahrung seiner Zuhörer. Mit Hilfe der Gleichnisse will Jesus Gottes Wirken in dieser Welt aufzeigen.

Auch wir LehrerInnen können mit unseren Geschichten froh machen. Die Fabel zeigt, wie in jedem das gute Denken durch den Geist, der alles neu macht, Platz nehmen kann. Lebensfreude, Glück und Zufriedenheit sind nicht von den äußeren Umständen, von den Kategorien des Habens bestimmt. Lebensfreude kann in jedem um sich greifen, wenn er die guten und schönen Seiten, die Talente und Fähigkeiten an sich entdeckt.

4. Stunde	Sich im Spiegel der anderen sehen und erkennen
Interaktionsübung „Ich sehe mich im Spiegel"	**Anweisung:** Suche dir eine/n PartnerIn, mit der/dem du gerne zusammenarbeitest. Stellt euch paarweise zusammen. Der/die LehrerIn zeigt die Übung mit einem/einer SchülerIn. Stellt euch frontal zueinander! Die Handflächen berühren sich etwa auf Halshöhe. Partner A ist der Spiegel, er imitiert alles, was der sich Spiegelnde tut (Mimik, Bewegungen). Die Handflächen bleiben dabei immer beieinander. Macht alles in Zeitlupe! Bewahrt die Stille! Meditative Musik kann dabei unterstützen. Wechselt die Rollen, wenn ich es sage (nach ca. 3-4 Minuten)! **Auswertung:** Was habt ihr erlebt? Was fiel euch leicht, was war schwierig? Was habt ihr im Spiegel gesehen?
Interaktionsübung „Was sagen andere über mich?"[58]	Material: Kopie der Sprechblasen **Anweisung:** 1. Fülle die Sprechblasen mit typischen Aussagen über dich (positive und negative) aus! Du kannst weitere Sprechblasen hinzufügen (Vater, Bruder, u. a.). 2. Kennzeichne die Sprechblasen, wo du nicht sicher bist, ob diese Aussagen tatsächlich so gemacht wurden! **Auswertung:** Setze dich mit MitschülerInnen (zu zweit oder dritt) zusammen, mit denen du gerne darüber sprechen willst. Tauscht eure Erfahrungen aus! Teilen sie die Meinung über dich? Was sehen sie anders? Ihr dürft auch anschließend in der Klasse eure Erfahrungen mitteilen.

Die SchülerInnen haben an beiden Interaktionsübungen sehr viel Spaß gehabt. Offensichtlich ist diese Art, in der Schule miteinander zu arbeiten für die SchülerInnen dieser Klasse ungewohnt. Das Lachen und Gekicher am Anfang signalisieren Unsicherheit. Die Interaktionsübung „Ich sehe mich im Spiegel" hat die SchülerInnen eingestimmt auf das Feedback[59] der nächsten Übung. Das Ausfüllen der Sprechblasen – ja, was sagen denn meine Eltern, LehrerInnen, FreundInnen über mich? – war bei den meisten SchülerInnen sehr intensiv. Wenige nur haben oberflächlich geantwortet.

Bereitwillig haben einzelne in einer Schlußrunde ihr Feedback mitgeteilt, wobei in jedem Fall ein reges Gespräch zu stande kam. Wichtig ist, bei der Formulierung mitzuhelfen. Wertende Du-Botschaften sollten vermieden werden.

Aufgefallen ist mir die häufige Wiedergabe von negativen Botschaften[60] von Eltern und LehrerInnen:

Wenn du nicht mehr lernst, dann ...

Du wirst schon sehen, wenn du so weitermachst, erreichst du das Klassenziel nicht.

Du Streithammel! Immer hängst du an deiner Schwester.

Das Feedback hilft, Störungen herauszufinden, die durch mein Verhalten verursacht werden. Ich bekomme dadurch die Möglichkeit zu entscheiden, welche Konsequenzen ich daraus ziehen will.

ANMERKUNGEN

[57] Wagner K.-H., Ein Baum erzählt, aus: Hoffsümmer W. (Hrsg.), Kurzgeschichten 3. 244 Kurzgeschichten für Gottesdienst, Schule und Gruppe, Mainz 1987, S. 108

[58] Rendle L., u. a. „Ganzheitliche Methoden im Religionsunterricht, München 1996, S. 129-130

[59] vgl. Burow/Quitmann/Rubeau, Gestaltpädagogik in der Praxis, Salzburg 1987, S. 46-56

[60] vgl. dazu Bann-Botschaften S. 145 f

9. Tobias verabschiedet sich

Ablösung in der Adoleszenz (Tob 4 und 5)

Das Buch Tobit, eine Erzählung mit Lehrcharakter, im Religionsunterricht zu lesen, verlangt eine sorgfältig überlegte didaktische Orientierung: Wer sind die Adressaten der Erzählung? Was wird ihnen erzählt? Welche menschliche Erfahrung steckt hinter dieser Erzählung, warum und wie wird sie mit Gott in Verbindung gebracht? Und wie kann diese Grunderfahrung von damals in das Heute unserer Adressaten (SchülerInnen und Eltern) vermittelt werden?

Der folgende Vorschlag zielt darauf ab, Jugendliche in der Hochpubertät, die die Schule bald verlassen und eine Ausbildung beginnen, mit den Fragen der Ablösung von den Erwachsenen (Eltern/LehrerInnen) in der Adoleszenz zu konfrontieren. Folglich stehen weniger die literarkritischen und historischen Hintergründe des Erzählzusammenhangs im Vordergrund als die grundsätzlich menschlichen Erfahrungen der Erzählung.

Dies ist möglich in Unterrichtseinheiten wie ‚Auf der Suche nach Geborgenheit: Ehe und Familie' oder in Teilen auch in Veranstaltungen mit Eltern Pubertierender.

Das Buch Tobit [61]

Das Buch Tobit überliefert keine historische, sondern eine erfundene Erzählung mit lehrhaftem Charakter. Historisch daran ist die damalige Situation der Juden im 2. Jahrhundert v. Chr.: Sie leben zerstreut über mehrere Länder. In dieser Situation rückt die Familie in den Mittelpunkt. Nur sie kann das Wissen über das Leben und die Beziehung zu Gott weitergeben. Das Buch Tobit ist auch heute aktuell: Einerseits fragen sich Eltern, welche Lebenseinstellung sie ihren Kindern vermitteln sollen, andererseits suchen junge Menschen danach, wie sie eigenständig ihr Leben gestalten können und welche Quellen der Kraft ihnen dafür zur Verfügung stehen.

Kap. 1-4: Tobit ist ein religiös und sittlich rechtschaffener Mann, der in seinem Leben sowohl den Segen des Reichtums wie auch bitterste Armut kennengelernt hat. Nichts Menschliches ist ihm fremd. Seine Blindheit deutet an, daß sein Leben nicht mehr in die Zukunft gehen kann, weil die Zukunft seinem Sohn gehört. Er hat in der dauernden Glaubensverfolgung viel Schmerz und Leid erfahren.

Kap. 5: Um so erstaunlicher ist es, daß er der jungen Generation nicht um ihre Zukunft neidig ist, sondern ihr alles übergeben möchte, was er selbst bekommen hat.

Er gibt sein Kind frei, bindet es nicht an sich und schickt es selbst auf die Zukunftsreise. Anders denkt die Mutter, die sich nicht vom Sohn trennen will und voll Angst dem Vater Vorwürfe macht.

Tobit weiß, daß das Glück des Sohnes in dessen Zukunft liegt und er es sich selbst erwerben muß. Dieses wird in dem Schatz symbolisiert, der im „fernen" Medien liegt. Das ist das geistliche Erbgut der Eltern: „Was du ererbt von deinen Vätern, erwirb es um es zu besitzen!" Er kann dem Jungen weder die Reise, deren Gefahren noch die eigenen Verantwortung ersparen. Welche Hilfen kann er ihm aber dennoch geben?

Der Vater „geht" gleichsam in dreifacher Weise mit seinem Sohn mit: sicher nicht äußerlich, aber sehr deutlich innerlich, als verinnerlichte Quellen der Kraft, als Mitgift und als Introjekt. Das ist das Bild, das der Sohn (die Tochter) vom Vater mitnimmt: Er spricht mit mir. Er ist an meiner Freiheit und Zukunft interessiert. Er gibt mich frei und zugleich seinen Segen. Ich kann mich ohne Groll und Vorwurf an meinen Vater erinnern. Die Weisheitsregeln und Ermahnungen des Vaters sind Wertvorstellungen, die Tobias verinnerlicht sind.

Der Erzengel ist der, den der Vater mitgibt und anheuert, der aber mehr ist als der Vater selbst, denn er kommt unmittelbar von Gott. Der Engel ist der leibgewordene Segen Gottes als Begleiter in anonymer Gestalt. Er ist das, was unmittelbar von Gott an Hilfe und Lebensbegleitung kommt und sich in verschiedenen Menschen auf meinem Lebensweg verwirklicht, ob ich es nun merke oder nicht.

Kap. 6: Die Reise ist lange und macht müde. Die Jungen haben es auch nicht leicht, denn sie müssen einen Fluß überqueren, der sie endgültig vom Land und Leben ihrer Eltern trennt. Auch sie erleben nun den Schmerz des Zurücklassens häuslicher Bequemlichkeit und elterlichen Schutzes. Mit der Flußüberquerung lassen sie den Lebensabschnitt der Kindheit hinter sich und treten in das Erwachsenenalter ein. Solche Schwellenüberschreitungen bringen viel Angst mit sich, denn sie schwemmen all das aus der Tiefe der eigenen Psyche herauf, was sie in ihrem Leben an Verlassenheitsängsten schon erfahren haben. Nicht jedes Kind geht voll Zuversicht in eine neue Welt, denn für viele waren solche Situationen quälend und voll einschnürender Angst. Einem Engel verdankt der Junge, daß er all das bewältigt, was aus der Tiefe emporkommt und ihn in die Tiefe ziehen will. Er sagt ihm: „Stell dich der Angst! Schau ihr in die Augen!

Zieh dein Unbewußtes aus der Tiefe ans Tageslicht! Kämpfe mit ihm! Brate sein Fleisch, das heißt: Eigne dir seinen Inhalt an, damit du von ihm gestärkt wirst! Behalte dir seine Heilkräfte (Herz, Leber, Galle) für die Zukunft auf!"

Tob – das Gute

Das Kind verdankt den Eltern nicht nur das leibliche Leben, sondern ebenso die Erfahrung des Guten. Das Kind muß zuerst erfahren haben, daß das Leben ihm gegenüber in der Gestalt der Eltern gut ist, bevor von ihm verlangt werden kann, selbst gut zu handeln. In Tobit und Hanna erleben wir Eltern, denen man zubilligen kann, daß sie gute Eltern waren. Schon die Namen „Tobit" und „Tobias" legen nahe, daß die Frage nach dem Guten der Inhalt dieses Buches ist, denn „tob" heißt „gut".

Kinder erleben das Gute in der Gestalt der Eltern. Sie sind „emotionaler Brutkasten", Quelle von Anerkennung und Liebe, sie sind aber auch Orientierung, Richtmaß und kritische Instanz.

Praxis: Familiensoziogramm, Elternbotschaften

Praktisches Vorgehen

Familien-Interview

In einer „Livesendung des Fernsehens" soll die typische Familie präsentiert werden. Vier (sechs) Stühle werden im Halbkreis vor der Tafel aufgestellt. Die Lehrperson bittet zwei Jungen und zwei Mädchen, hierauf Platz zu nehmen. Sie verteilt die Rollen: Mutter, Vater, Sohn, Tochter, Opa, usw. Die Kandidaten sollen folgende Fragen wahrheitsgemäß und schnell beantworten. Entwerft zuvor einen Fragebogen!

Mögliche Fragen:
1. Welchen Beruf üben Sie aus?
2. Wieviel Zeit verbringen Sie in der Familie?
3. Worauf achten Sie in der Erziehung?
4. Wie erlebst du die Erziehung durch deine Eltern?
5. Wie erleben Sie als Großeltern die Familie?
In weiteren Spielrunden können SchülerInnen die Rolle des Interviewers übernehmen.

Auswertung:
Welche Informationen und Meinungen über heutige Familienformen habt ihr gewonnen?

Meine Familie

Du kannst die Beziehungsstruktur deiner Familie mit folgender Übung reflektieren. Entscheide selbst, ob du dich über das Ergebnis mit deinen Klassenkameraden austauschen willst!

Zeichne auf ein Papier die Beziehungsstruktur deiner Familie:
Ausgangspunkt ist ein Kreis, innerhalb dessen die Familienmitglieder angeordnet werden. Der Kreis kann dünn oder dick wie eine Mauer, geschlossen
oder offen sein.
Die Namen können verschieden groß und je nach Art der Beziehung mit Sym-
bolen (z. B. Herz, Blitz, Fragezeichen) versehen sein. Am äußeren Rand können andere Personen (z. B. Großeltern) hinzugefügt werden. Beginne mir dir
selbst, in dem du deinen Namen in die Mitte schreibst!

Auswertung:
Suche jemand, mit dem du dein Bild besprechen willst! Bildet Kleingruppen
(3 TeilnehmerInnen)! Deckt während der Besprechung nur jeweils 1 Bild auf!
Ablauf der Besprechung:
1. *Ich sehe ... (der Kreis ist dick. Dein Bruder ist nahe bei dir)*
2. *Wenn ich diese Person (z. B. Schwester) wäre, fühlte ich ..., würde ich*
   sagen ...
3. *Ich wünsche der Person (z. B. deinem Vater), daß ...*
   Achtet darauf, daß ihr nicht wertet!

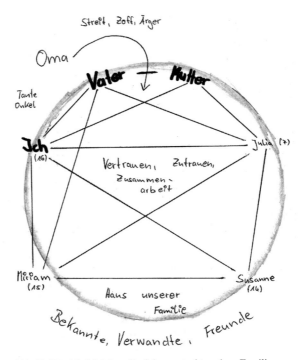

Abb 12: Daniel, 16 Jahre; Beziehungsstruktur einer Familie

Münzsoziogramm (Alternative zu ‚Meine Familie‘ bei Veranstaltungen wie Besinnungstagen oder Elternseminaren)

Vorbereitung

Auf dem Boden wird ein (weißes) Tischtuch ausgelegt. Begleiter und Teilnehmer (meldet sich freiwillig) sitzen am unteren Rand. Viele, sehr unterschiedliche Münzen liegen wahllos durcheinander auf dem unteren Rand der Tischdecke. Es wird die Herkunftsfamilie oder die Jetztfamilie bzw. eine andere Gemeinschaft (z. B. Kollegium) gelegt.

Verlauf

1. Münzsuche	Größe, Aussehen, Gewicht Erzähle dazu! Paßt sie zu dir? Was zeigt die Münze (z. B. Krone, Stab, Baum)? Leg sie als Mittelpunkt! Wie bist du, wenn du ein z. B. 10 Pfennigstück bist?
2. Familienmitglieder	Eltern, Geschwister, Großeltern, Tante/Onkel, Tiere Größe der Münzen, Abstand zur Münze des Jugendlichen
3. Welchen Namen gibst du dem Bild? Welches Bild steigt auf? Welche Atmosphäre empfindest du?	
4. Abschluß	Leg die wert-haltigen Münzen wieder zurück und verabschiede dich!
5. Gruppen-Runde	Was ist euch aufgefallen? Was habt ihr beobachtet? Was hat dich berührt?

Folgende Methoden können angewandt werden:

1. Dissoziieren: z. B. Was denkst du als Person, die von außen dieses Soziogramm betrachtet?
   Wie geht es diesem Kind aus Distanz betrachtet?
2. Identifikation: z. B. Wenn ich diese Münze wäre, würde ich fühlen ..., sagen ...
3. Ressourcenbildung und Ankern: Was hast du in dieser Situation gelernt?

Wenn ich dieses Kind gewesen wäre, ... was würdet ihr wünschen?

Wie hast du dir als Kind geholfen?

4. Phantasiearbeit: z. B. Mach etwas, damit du die Münze nicht mehr siehst! Was erlebst du jetzt?

Grundsätzliche Überlegungen für die Weiterarbeit in Kleingruppen:

1. Der Wissende ist der Legende. Das Wissen geht weit über das Wachbewußtsein hinaus.
   Nicht interpretieren! Keine Stellung zum Inhalt nehmen!

2. Zeit lassen! Schweigemomente aushalten!
   Den Erzählfluß öffnen und durch Aktives zuhören („hm", Blickkontakt) begleiten!

3. Zeitrahmen vornehmen.

Tobias verabschiedet sich

Bild 21: Anne Seifert,
„Tobias nimmt Abschied"[62],
© Anne Seifert

1. Betrachtet das Bild von A. Seifert „Tobias nimmt Abschied"!
Ich sehe ...
Wenn ich die Frau, der Mann, der Weg ... wäre, dann fühlte ich
..., dann würde ich sagen ...
Ich wünsche dem knieenden jungen Mann, der Frau, ...
2. Lest im Buch Tobit die Kapitel 4 und 5!
3. Stellt die Abschiedsszene in einem Standbild („eingefrorenes
Bild") nach!
Die Zuschauer können hinter eine Person im Standbild treten und
stellvertretend für sie sagen, was sie fühlt.

Auswertung
Was habt ihr als DarstellerInnen gefühlt und erlebt?
Was habt ihr als ZuschauerInnen beobachtet und erlebt?
Was ist euch an dem Bibeltext neu aufgegangen?

Elternbotschaften

Zeichne auf ein großes Blatt zwei Regenschirme! Vom oberen
Schirm tropfen Ratschläge, Anweisungen, Verbote und Gebote deiner Eltern. Schreibe sie in den Raum zwischen die Schirme! Was
kommt dir alles in den Sinn? Laß dir viel Zeit! Überlege, welche
„Tropfen" für dein Leben hilfreich sind und schreibe sie in den unteren Schirm!

Auswertung
Suche jemand in der Klasse, zu dem du Vertrauen hast! Sprecht
über eure „Tropfen"!

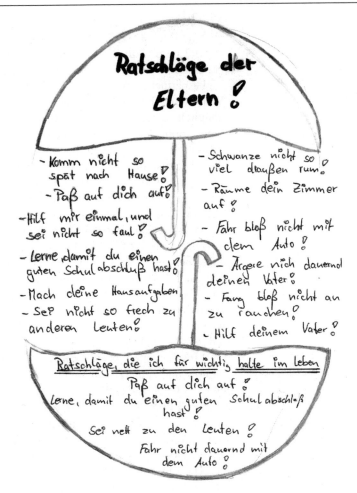

Abb. 13: Elternbotschaften
(Christian, 17 Jahre)

Welche Eltern-Botschaften erhält Tobias von seinem Vater Tobit?
Lies Tob 4! Welche Botschaften hälst du für hilfreich?

Reflexion: Elternintrojekte und Adoleszenz

Die Adoleszenz

Adoleszenz meint den Zeitraum der Jugend, die Zeit des Heran-
wachsens. Sie beginnt mit der Pubertät. Das Ende der Adoleszenz
läßt sich nicht eindeutig festlegen: Lange Ausbildungszeiten und
damit wirtschaftliche Abhängigkeit vom Elternhaus können den
Eintritt ins Erwachsenenalter lange hinauszögern. Dabei sind zentrale Aufgaben zu bewältigen: 1. sich mit einem völlig veränderten

Körperbild und veränderten Körperempfindungen vertraut zu machen und sich diese anzueignen. 2. sich aus der seither bestehenden engen Eltern-Kind-Bindung zu lösen, Abschied von der Kindheit zu nehmen und zu eigener erwachsener Identität zu gelangen. 3. einen Liebespartner zu finden.

Weil adoleszente Jugendliche sich oft so provozierend und unzugänglich verhalten, fällt es den Erwachsenen schwer, die tatsächlich hinter ihrem Auftreten verborgenen Nöte wahrzunehmen. Die Adoleszenz ist für viele Menschen die traurigste und schwierigste Zeit ihres Lebens. Sie ist eine Zeit der psychischen Erschütterungen und Entwicklungskrisen, des Trauerns und Abschiednehmens und vieler Erfahrungen der inneren Leere und Einsamkeit.

Die Ablösung von den Eltern ist die wohl schwierigste und für die Jugendlichen die schmerzhafteste Entwicklungsaufgabe in der Adoleszenz. Der sexuelle Reifungsprozeß drängt die Jugendlichen, außerhalb der Familie Liebe zu suchen und die kindlichen Bindungen an die Eltern aufzulösen. Um die eigene Identität zu entwickeln, müssen sie die Identifikation mit ihnen aufgeben und ihre Werte in Frage stellen und verwerfen, um sich in einer neuen Auswahl für eigene Werte zu entscheiden. Deshalb gilt plötzlich das Urteil der Gleichaltrigen, aber auch anderer Erwachsener viel mehr als die Einschätzung und Wünsche der Eltern. Die Loslösung von der Familie und zum Teil von den Sitten und Gebräuchen kommt einer zweiten Geburt gleich. Dabei ist weniger die räumliche Trennung von der Familie bedeutsam, als der Versuch sich selbst zu finden. So ist die zweite Geburt auch ein schmerzlicher Prozeß. Nähe und Distanz, Vertrautheit und Fremdheit, Einvernehmen und Gegnerschaft, Hochachtung und Geringschätzung liegen da oft beieinander. Die Jugendlichen brauchen zum einen nach wie vor die Sicherheit und Geborgenheit des Elternhauses, zu anderen müssen sie sich wehren gegen alle Versuche der Bevormundung und „Bemutterung". Sie müssen einerseits ihr Leben selbständig und eigenverantwortlich in die Hand nehmen, andererseits brauchen sie auf dem Weg zum Erwachsenwerden nach wie vor den Rat und das Wohlwollen ihrer Eltern. Beides in die rechte Balance zu bringen, ist verbindende Aufgabe von Eltern und Jugendlichen.

Erwachsenen-Ich, Eltern-Ich und Kindheits-Ich (vgl. Abb. 16 und Erklärung S. 132ff).

In der Tobit-Erzählung sind die handelnden Figuren typische Vertreter von grundsätzlichen Möglichkeiten, Eltern und Kind zu sein: Tobit tritt uns als einfühlsamer, hilfreicher Vater (das ernährende Eltern-Ich), Tobias entwickelt ein freies und kreatives Kindheits-Ich.

Damit löst er sich von den Eltern und geht mutig seinen Weg. Die Eltern Tobit und Hanna haben ihren Sohn Tobias so begleitet, daß er selbständig seinen Weg gehen kann.

Jeder trägt grundsätzlich solche Figuren als Introjekte in sich. Auf dem Weg erwachsen zu werden, ist es wichtig, daß wir uns immer mehr bewußt werden, welche Ich-Anteile uns steuern. Durch den schmerzlichen Prozeß der Loslösung von den Eltern (Rebellion) gewinnt das Erwachsenen-Ich in uns mehr Raum. Unsere Entscheidungen werden dadurch weniger von außen gesteuert, sondern in eigener Verantwortung und frei getroffen. Trotzdem bleiben Elternintrojekte in uns bestehen und beeinflussen oft unreflektiert unser Leben.

ANMERKUNGEN

[61] Höfer A., Ins Leben kommen, a. a. O. S. 117 ff

[62] Die Folien zu den Bildern von Anne Seifert können über folgende Adresse bezogen werden: Katholisches Schulkommissariat in Bayern, Schrammerstraße 3, 8000 München 2, Tel. 0 89/21 37-4 09

10. Was hilft, ein schülerorientiertes Gespräch zu führen?

Personen sind die nachhaltigste Erfahrung

Wir wissen aus Erfahrung, daß die Entwicklung und Reifung eines Menschen entscheidend von den Menschen abhängt, die ihn begleiten. Lernen geschieht in Beziehungen. Lernen ist interaktionales Geschehen. Es ist ganz entscheidend, wie Sie jungen Menschen begegnen. Die Kommunikationspsychologie zeigt uns, daß Akzeptanz, Wertschätzung, Echtheit und Empathie wichtige Grundvoraussetzungen für Gespräch und Begegnung sind. Konfrontation und Zurechtweisung allein führen kaum zu einer Weiterentwicklung.

Es ist von Vorteil zu wissen, wie ein Gespräch gelingen kann und was ein Gespräch empfindlich stören kann.

Abb. 14 zeigt, daß derjenige, der eine Botschaft/Mitteilung hört, selbst entscheidet, *wie* er sie versteht. Mit welchem der vier Ohren wird ein Schüler die Aussage des/der LehrerIn „Das ist falsch, was du sagst" hören? Mimik, Gestik, der Sound der Stimme unterstreichen für ihn die Aussage.

Ohne an dieser Stelle auf Details eingehen zu können, möchte ich erwähnen, daß es sehr hilfreich sein kann, wenn LehrerInnen sich in ihrer Gesprächsführung von den Erkenntnissen der Humanistischen Psychologie leiten lassen. Ich kann sie an dieser Stelle nur neugierig machen oder an Bekanntes erinnern, indem ich die Blickrichtung kurz andeute und auf entsprechende Literatur verweise.

Kommuniaktionspsychologie

Jedes LehrerIn-SchülerIn-Gespräch zeigt vier Aspekte der Kommunikation:

1. Sachaspekt: Wie kann ich Sachverhalte klar und verständlich mitteilen?
2. Beziehungsaspekt: Was zeigt unsere Kommunikation über unsere Beziehung?
3. Selbstoffenbarungsaspekt: Was sage ich von mir durch das Gesagte? Wie echt ist meine Aussage?
4. Appellaspekt: Was will ich durch meine Aussage bewirken?

Abb. 14: Der vierohrige Empfänger

Im *Aktiven Zuhören* kann ich als Gesprächsteilnehmer auf diese Aspekte der Kommunikation achten und meinen GesprächsteilnehmerInnen besser verstehen (Empathie).

Aktives Zuhören

Oft blockieren wir unsere/n GesprächspartnerIn mit unseren Bewertungen und kritischen Bemerkungen, bevor er seine Gedanken zu Ende führen konnte. Ein wichtiger Schritt auf besseres Verständnis hin ist, n i c h t w e r t e n d zuzuhören. Auf den/die GesprächspartnerIn (KlassenkameradIn, FreundIn, LehrerIn ...) wirkt es beruhigend, wenn er/sie das Gefühl hat, daß du ihm/ihr genau zuhörst und dich bemühst, ihn/sie zu verstehen. Es ist für jeden wichtig, sich a n g e n o m m e n zu fühlen. Die Chance, daß deine Botschaft ankommt und etwas bewirkt, ist somit viel größer.

Anweisung
1. Suche einen GesprächspartnerIn, zu dem/der du Vertrauen hast!
   Stellt euch einen Gesprächsbeginn vor (Themen aus Schule, Familie, Sportverein, Freundeskreis).
   Was beschäftigt euch gerade besonders?
2. Der/die eine erzählt von seiner Erfahrung, der/die andere hört zu.
   Der Zuhörer achtet auf folgendes:
   a) Zeige deinem GesprächspartnerIn, daß du zuhörst durch:
      Blickkontakt, nicken, Bemerkungen (‚ich verstehe‘, ‚hm‘, ‚oh‘, usw.)

b) Melde deinem/r GesprächspartnerIn zurück, was und wie du ihn/sie verstanden hast.

Du kannst etwa folgendermaßen „einleiten":

„Meinst du, daß ..."

„Verstehe ich dich richtig, daß ..."

3. Wechselt euch beim Zuhören und Reden ab!

Gesprächsblockaden

LehrerInnen und SchülerInnen benutzen im Schulalltag vielerlei ‚Killerphrasen'/Kommunikationssperren, die Gespräche blockieren. Wer aufmerksam darauf achtet, solche Kommunikationssperren zu vermeiden und seinem Gesprächspartner Gelegenheit läßt, selbst zu sagen, was er denkt, wird das Gespräch fördern.

1. befehlen kommandieren	Du mußt ... Du hast zu ...	ruft Angst/aktiven Widerstand hervor lädt ein, „es darauf ankommen zu lassen"
2. warnen, drohen	Wenn du nicht ..., dann ...	ruft Ärger und Auflehnung hervor
3. moralisieren	Seither habe ich immer von dir gedacht ...	vermittelt Mißtrauen fördert Schuldgefühle
4. schnelle Lösungen vorgeschlagen	Warum versuchst du nicht ... An deiner Stelle würde ich ...	zeigt wenig Verständnisbereitschaft fördert Unselbständigkeit
5. beschuldigen	Du bist selbst schuld daran ... Du überlegst zu wenig	unterbindet die Gesprächsbereitschaft
6. spötteln lächerlich machen	Natürlich du weißt alles. Ja, ja unser Kasper	die Person wird nicht ernst genommen die Probleme werden heruntergespielt
7. forschen, verhören	Wer? Wann? Wie?	Bloßstellung erzeugt Angst zwingt zum Ausweichen

Abb. 15: Kommunikationssperren

Neurolinguistisches Programmieren (NLP) [63]

Repräsentationssysteme [63]

Im Denken erinnern wir bewußt oder unbewußt die Ansichten, Geräusche, Stimmen, Gefühle und Gerüche, die wir erlebt haben. Das kommt auch in vielfältiger Weise in der Sprache zum Ausdruck (Ich kann dich nicht riechen). Im NLP werden die Modalitäten, wie wir Informationen aufnehmen und im Gehirn kodieren und speichern (sehen, hören, fühlen, schmecken, riechen) Repräsentationssysteme genannt. Wir benutzen im wesentlichen 3 dieser Systeme (visuelle, auditive und kinästhetische Typen). Und wir neigen dazu, ein System zu bevorzugen. Dies ist an der Sprache zu erkennen. Als LehrerIn kann ich im Gespräch auf das bevorzugte System achten und so den anderen besser verstehen. Für eine schülernahe, ganzheitliche Methodik des Unterrichts ist es sinnvoll, Unterricht alle Repräsentationssysteme hin zu planen.

Das Meta – Modell [64]

Sprache existiert neurophysiologisch gesehen auf einer tiefen Ebene. Der Sprecher hat eine genaue Vorstellung von dem, was er sagen will. Wir verkürzen im Gespräch diese Tiefenstruktur, um klar und deutlich sprechen zu können. Dadurch nehmen wir viele Informationen aus unseren Mitteilungen heraus und verallgemeinern; dadurch verzerren wir die Bedeutung des Mitgeteilten. Im Gespräch können wir die Verzerrung wieder auflösen.

Aussageoffenheit durch	Frage
Tilgungen	
unspezifisches Substantiv	Wer oder was genau?
unspezifisches Verb	Wie ist das passiert?
Nominalisierung	Wie ist das geschehen?
Bewertungen	Wer sagt das?
Vergleich	Verglichen womit?
Generalisierungen	
Quantifizierung	Immer? Nie? Jeder?
Modaloperatoren der Notwendigkeit	Was würde passieren, wenn du nicht …?
der Möglichkeit	Was hält dich davon ab?
Verzerrungen	
Vorannahme	Was veranlaßt dich zuglauben, daß …?
Gedankenlesen	Woher weißt du?
Komplexe Äqivalenz (Gleichsetzung unterschiedlicher Sachverhalte)	Wieso bedeutet dies das eine und gleichzeitig das andere?

Transaktionsanalyse

1. Ich-Zustände – Persönlichkeitsmerkmale

Die Transaktionsanalyse geht davon aus, daß die Begegnung mit anderen (Transaktionen) von drei Ich-Zuständen der menschlichen Person gesteuert werden: Eltern-Ich (El-Ich), Kindheits-Ich (K-Ich) und Erwachsenen-Ich (Er-Ich).

Das Wachstum und die Entwicklung eines Menschen hängt davon ab, wie sein Grundbedürfnis nach Anerkennung, Beachtung und Zuwendung durch Körperkontakt, Blick, Gestik, Stimme erfüllt wird.

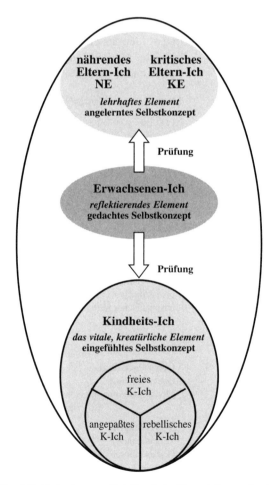

Abb. 16: Persönlichkeitselemente / Ich-Zustände (Transaktionsanalyse)

Wenn wir unser Gesprächsverhalten reflektieren, zeigt sich, daß im Gespräch alle drei Ich-Zustände beteiligt sind:
Das Er-Ich reflektiert alles rational-kritisch, was auf uns einströmt; das K-Ich erzeugt ein Gefühl der Anpassung oder Rebellion oder läßt uns als freies, kreatives Kind handeln. Das El-Ich ist entweder die lehrhafte und normativ-kritisierende(KE) oder die nährende, stützende Komponente (NE). Das Er-Ich prüft in der konkreten Lebens- und Entscheidungssituation, ob wir die Situation real einschätzen, es wägt die das Für und Wider ab; dadurch kann für uns eine positive Veränderung entstehen. Wir gehen mutig und mit Selbstvertrauen unseren Weg. Ist das Er-Ich zu wenig entwickelt, sind unsere Denk- und Handlungsmuster unerwachsen, meist unrealistisch. Wir entscheiden nicht frei, sondern „es steuert" uns von außen.

Jeder trägt grundsätzlich Eltern- Introjekte in sich. Auf dem Weg erwachsen zu werden, ist es wichtig, daß wir uns immer mehr bewußt werden, welche Ich-Anteile uns steuern. Durch den schmerzlichen Prozeß der Loslösung von den Eltern (Rebellion) gewinnt das Er-Ich in uns mehr Raum. Unsere Entscheidungen werden dadurch weniger von außen gesteuert, sondern in eigener Verantwortung und frei getroffen. Trotzdem bleiben Elternintrojekte in uns bestehen und beeinflussen oft unreflektiert unser Leben.

Eltern-Ich (exteropsychischer Ich-Zustand)

---

werten: korrigieren, belehren, tadeln, strafen, wiegen: schützen, betreuen

Nährendes El-Ich: alles, wovon ich lebe: Anerkennung, Zuwendung, Wärme, Kontakt, usw.
Sprache: Kann ich dir helfen? Das kriegen wir schon hin! usw.
Stimme: liebevoll, beruhigend, tröstend, besorgt
Körper: ausgestreckte Arme, tätscheln, übers Haar streichen
Haltung: verständnisvoll, fürsorglich, emotional zugewandt

Kritisches El-Ich: bewertend, einschränkend, kritisierend, begleitend und negativ kritisch, aufoktroierend
Sprache: Das macht man nicht! Das weiß doch jedes Kind! Jetzt sofort! Auf der Stelle! Solange du bei uns wohnst, ...
Stimme: herablassend, kritisierend, bestimmend

Körper: Kopfschütteln, erhobener Zeigefinger, aufrecht-starr,
Hände in die Hüften gestemmt
Haltung: autoritär, überlegen, moralisierend

Erwachsenen-Ich (neopsychischer Ich-Zustand)

---

reflektieren emotionaler Reaktionen und verinnerlichter Zielvor-
stellungen Dritter. Realität erfassen, Fakten prüfen, Folgen bedenken, Wertsystem ausbauen
freie Entscheidung, freier Wille, Intellekt Datenverarbeitung/Wahr-
scheinlichkeitsabschätzung
(Kindheitsaufzeichnungen sind allerdings nicht löschbar)

Sprache: Was, wer, wann, ...? Wie funktioniert das? Wenn ich dich
recht verstehe, ...
Stimme: sachlich, ausgeglichen, nichtwertend
Körper: Blickkontakt, zugewandt, aufmerksam
Haltung: aktiv zuhörend, offen, interessiert

Kindheits-Ich (archäopsychischer Ich-Zustand)

Bedrückung, Schmerz, Spannung, Freude, Angst, Neugier, Über-
mut, Trotz, Kreativität, Spontaneität
Leiden, Spielen, Genießen

Freies K-Ich: das freie, kreative Kind
Sprache: Toll! Ich will ...! Ich bin sauer! usw.
Stimme: laut, frei, energisch
Körper: lebhaft, ungehemmt, entspannt, spielerisch, erregt, unge-
hemmt
Haltung: spontan, neugierig, gefühlsbetont

Angepaßtes K-Ich: das angepaßte Kind (angepaßt, in Harmonie le-
bend, unterdrückt)
Sprache: Bitte! Danke! Ich möchte ...! Ich weiß nicht. Darf ich ...?
Stimme: leise, bettelnd, unterdrückt, anfragend, weinerlich
Körper: geduckt, gesenkter Blick, Achselzucken
Haltung: verschlossen, ängstlich, schüchtern, beschämt

Rebellisches K-Ich: das rebellische Kind (das „schlimme" Kind)
Sprache: Von wegen! Mach ich nicht! Wieso ich! Das laß ich mir nicht gefallen!
Stimme: laut, fordernd, trotzig
Körper: aufstampfend, Zunge rausstrecken
Haltung: selbstbewußt, aufbegehrend, verweigernd

> *Der Weg zum freien Kind geht über das rebellische.*

Folgende Abbildungen zeigen vereinfacht die Wirkungen der Ich-Zustände.

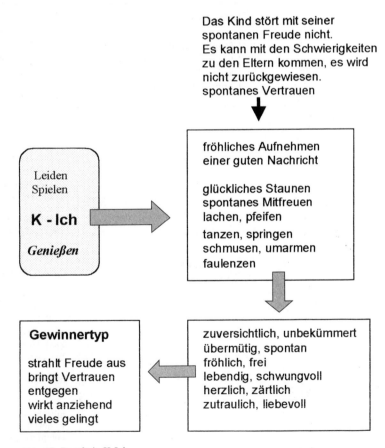

Das Kind stört mit seiner spontanen Freude nicht.
Es kann mit den Schwierigkeiten zu den Eltern kommen, es wird nicht zurückgewiesen.
spontanes Vertrauen

Leiden
Spielen

K - Ich

Genießen

fröhliches Aufnehmen einer guten Nachricht

glückliches Staunen
spontanes Mitfreuen
lachen, pfeifen

tanzen, springen
schmusen, umarmen
faulenzen

Gewinnertyp

strahlt Freude aus
bringt Vertrauen entgegen
wirkt anziehend
vieles gelingt

zuversichtlich, unbekümmert
übermütig, spontan
fröhlich, frei
lebendig, schwungvoll
herzlich, zärtlich
zutraulich, liebevoll

Abb. 17: Das freie K-Ich

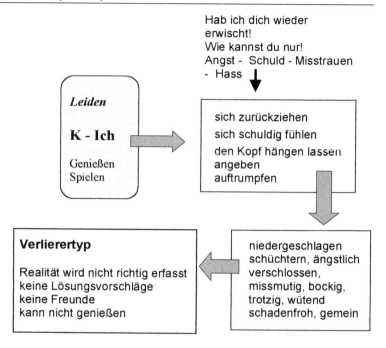

Abb: 18: Das angepaßte K-Ich

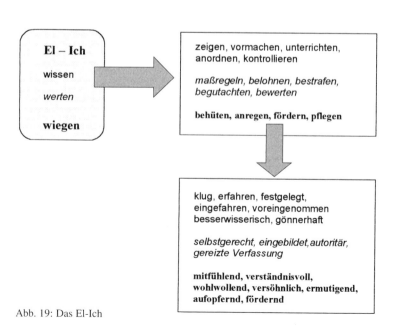

Abb. 19: Das El-Ich

136

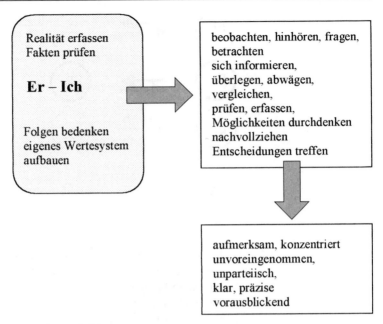

Abb. 20: Das Er-Ich

2. Kommunikationsregeln

Entscheidungsfreiheit und Fähigkeit zur Konfliktbewältigung setzt die Fähigkeit voraus, das eigene (Gesprächs-)verhalten zu reflektieren. Das eigene Verhalten setzt sich aus einer erwachsenen (rationalen) Komponente (= Er-Ich), aus einer kindlichen (gefühlsmäßigen) Komponente (= K-Ich) und einer elternhaften (normativen, lehrhaften) Komponente (= El-Ich) zusammen.

1. Wenn Reiz und Reaktion im El-Er-K-Transaktionsschema auf parallelen Linien verlaufen, dann ist die Transaktion *komplementär.* Oberflächliche Beziehungen bleiben auf komplementäre TA beschränkt.

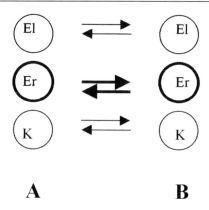

A: Wohin gehst du?
B: In die Pausenhalle.

A   **B**

2. Wenn Reiz und Reaktion sich im El-Er-K-Schema *überkreuzen,* wird die Kommunikation unterbrochen. Überkreuz-Transaktionen führen zu Konflikten.
ÜberkreuzTA entsprechen der Übertragung und Gegenübertragung in der Psychoanalyse.

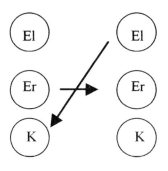

S: Können Sie mir sagen,
   wie die HA geht?
L: Du hast schon wieder nicht
   zugehört!
   Wie oft soll ich dir das
   noch sagen!

K – Reaktionen führen zu
   „Ich bin nicht o. k."
El – Reaktionen führen zu
   „ Du bist nicht o. k."

Duplex – Transaktion (verdeckte Transaktion)

In vielen Gesprächen läuft nebenher eine Art „zweites Programm' automatisch mit, unausgesprochen, aber für die Beteiligten durch nonverbale Signale erkennbar. Bei diesen Transaktionen läuft neben der erkennbaren (offenen) auch eine verdeckte Transaktion. Zwei Ich-Zustände sind am Werk.

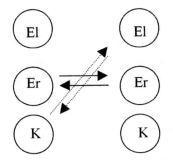

Eine unausgesprochene Botschaft (Gesichtsausdruck, Stimme, Bewegung) wird gleichzeitig mit den Worten mitgeteilt. Die gestrichelte Linie gibt an, was psychologisch „in der Luft" liegt. Die verdeckte Eigenkreuzung, bei der der erste sich mit seinen Worten aus dem Er-Ich, im Ton aber aus dem El-Ich äußert (Sachinfo + Belehrung), ist im erzieherischen Alltag recht häufig.

Beispiel

L: Wo hast du wieder mal dein Relibuch?

   „wieder mal" kommt vom El-Ich und richtet sich an das K-Ich.

S1: Mein Relibuch habe ich eine Reihe weitergegeben, damit die auch eins haben. (Er-Ich)

S2: Was heißt hier schon wieder? Ich hab's noch nie vergessen. (K-Ich)

> 3. Sind an einer Transaktion eine offenkundige und eine verdeckte Ebene beteiligt, so kommt die verdeckte in der Regel momentan zum Zuge.

Regeln zum Umgang mit verdeckten Transaktionen

1. Auf verdeckte Transaktionen verzichten
   Möglich sind sie bei humorvollen Übertreibungen, die zur Konfrontation bestimmter Verhaltensweisen führen. Voraussetzung ist, daß beide um die verdeckte Ebene wissen und Spaß daran haben.

2. Die verdeckte Ebene ignorieren
   Den Gesprächspartner auf der offenen Ebene beim Wort nehmen. Voraussetzung ist, daß die eigene Position nicht unterminiert wird und daß man keine „Rabattmarken' (ungute Gefühle, die nicht angesprochen, aber aufgespart werden) sammelt.

3. Zu einer direkten Botschaft auffordern

4. Die verdeckte Ebene konfrontieren
   Mir fällt auf, daß ...

5. Bei hartnäckigem Festhalten an verdeckten Transaktionen eher den Gesprächskontakt unterbrechen

Transaktionen produktiv kreuzen

Ichzustände, die bei Konfliktbewältigung, Kooperation oder Konsensfindung wünschenswert und effektiv sind, nennt man produktive Ich-Zustände: das nährende El-Ich, das Er-Ich und das freie K-Ich.

Vor allem in pädagogischen Situationen oder Beratungssituationen ist es wichtig, die eigenen Probleme in der Kommunikation mit anderen zu kennen und die Wahlmöglichkeit bestimmter Ich-Zustände zu erweitern.

Durch den bewußten Einsatz dieser Ich-Zustände können Transaktionen produktiv gekreuzt werden.

Beispiel

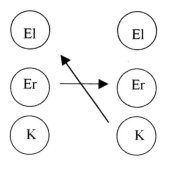

L: Was hast du bei der Aufgabe herausbekommen?
S: Das war viel zu schwer. Wie sollte ich das denn schaffen!

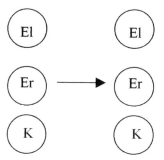

L: Wo genau lag das Problem? Gibt es etwas, was du herausbekommen hast?

Beispiele für produktiv gekreuzte Transaktionen[65]

Er-Ich zu Er-Ich

Eigene Wahrnehmung mitteilen: Mit fällt auf, daß du ...

Zur Selbstwahrnehmung auffordern: Was nimmst du jetzt wahr?

Eigenes Denken, Gefühl und Verhalten transparent machen: Ich sehe, daß hier eine große Unordnung ist, das ärgert mich und deshalb ...

Zur Konkretisierung auffordern: Kannst du dein Problem genauer beschreiben?

Eigene Lösungswege suchen lassen: Was hast du bereits zur Lösung des Problems unternommen?

Welche Schritte sind durchführbar?

Er-Ich zu nährendem El-Ich

Zur Fürsorge gegenüber sich selbst ermuntern: Überlege, was dir jetzt guttun würde?

Zum Einsatz eines Erlaubers anregen: Willst du dir jetzt gestatten ...?

Nährendes El-Ich zu freiem K-Ich

Positive Zuwendung geben: Lob, Anerkennung, Bestätigung, Zuwendung

Akzeptanz für die emotionale Betroffenheit: Ich kann gut verstehen, daß ...

Erlaubnis geben: Du darfst ..., du brauchst nicht ...

Freies K-Ich zu freiem K-Ich

Eigene Gefühle äußern, ohne andere abzuwerten: Das ärgert mich, das freut mich, dazu habe ich jetzt keine Lust, ...

Witzige und schlagfertige Kommentare, die nicht auf Kosten anderer gehen oder das Problem herunterspielen:

S zu L: Sie sehen aber heute echt geil aus.

L: Say it in english, please!

Er-Ich zu rebellischem K-Ich

Aus dem angepaßten K-Ich herauslocken durch provozierende Übertreibung, damit man über den Protest in Kontakt mit ihrer Kraft kommt: Wenn du das Problem nicht angehen willst, mußt du dich halt weiter ärgern.

Kritisches El-Ich zu angepaßtem K-Ich

Destruktives Verhalten konfrontieren: Ich sehe, daß du andere schlägst, hör auf damit! Ich finde dein Verhalten unverantwortlich!

3. Wie bleibe ich im Erwachsenen – Ich?

– Die Stärke des Er-Ichs zeigt sich in der Beschränkung der automatischen, archaischen El-K-Ich- Reaktion Damit gewinnt man Zeit, bis das Er-Ich angemessene Reaktionen ausgerechnet hat (Datenverarbeitung).
Wenn du Zweifel hast, dann sag nichts. Laß es! Erst überlegen, dann reagieren.

– Frage in der Streß-Situation zuerst: Was reagiert jetzt? Das schafft Erleichterung.
Wenn man für das eigene K-Ich Gespür bekommt, wird man auch sensibler für das K-Ich in anderen. Niemand liebt den Menschen, den er fürchtet. Wir fürchten in anderen ihr El-Ich.
Lerne das K-Ich erkennen, seine verwundbaren Stellen, Ängste!
Sei aufgeschlossen für das K-Ich in anderen Menschen. Sprich zu ihm, streichle es, beschütze es!

– Kontrolliere Reaktionen aus dem El-Ich! Stimmen die Fakten? Woher habe ich meine Meinung? Ist es ein Vorurteil?

– Kontrolliere deine K-Ich-Reaktionen! Was verschafft mir gerade Streß? Welches Gefühl herrscht vor? Wie wird mein Gesprächspartner reagieren?

4. Pädagogische Konsequenzen

– Transaktionen beinhalten meist eine sprachliche Ebene. Unsere Sprache sollte verbal und nonverbal und unmißverständlich sein.

– Wenn es gelingt, mit dem Er-Ich zu reagieren, entstehen weniger Mißverständnisse und Konflikte.

– Im Umgang mit Kindern und Jugendlichen lenkt die TA das Augenmerk auf das, was die Eltern/Erzieher verändern und erreichen können, damit die Art der Transaktionen sich ändert. Damit wird sich auch das Kind ändern.

– Bei einem Kind, das Schulprobleme hat (Verhaltensauffälligkeit, Tagträumen, Leistungsstörungen) kann man voraussetzen, daß es sich ständig mit seinem „Ich bin nicht o.k. – du bist o.k." beschäftigt. Im Zweifelsfalle ‚streicheln (Beachtung als Grundbedürfnis).
Ohne emanzipiertes Er-Ich wird das Leben für Eltern und Kinder zu einem unerträglichen double bind (Harris S. 199).

- ErzieherInnen üben den besten Einfluß, indem sie ihre bedingte positive Zuwendung einsetzen. Zuwendung wird warm und liebevoll (positiv) oder kalt und ablehnend (negativ) ausgedrückt. Die verletzendste Form der Ablehnung ist die Nicht-Beachtung. Menschen entwickeln die Tendenz, ihr Leben lang um die Weisen der Beachtung zu bemühen, an die sie sich von klein auf gewöhnt haben.
- Vermeiden Sie Bann-Botschaften (Botschaften, die vom K-Ich einer Bezugsperson geäußert wird), sie wirken wie ein Zauberfluch im Märchen (Beispiele: Ich kann dich nicht mehr sehen! Nimm dich nicht so wichtig! Du hast hier bei uns an der Realschule nichts zu suchen! usw.)
- (Schulische) Erziehung braucht ein Wertesystem (Normen, Regeln, Rituale). Es ist vorteilhaft, wenn das Wertesystem von SchülerInnen und LehrerInnen gemeinsam erarbeitet wird (interaktionales Lernen).

Grundregeln für eine Gesprächsführung

1. Sich auf das Gespräch vorbereiten	8. Wichtige Gesprächsinhalte paraphrasieren
2. Anderen respektvoll begegnen (Akzeptanz, Echtheit, Kongruenz)	9. Aktiv zuhören
3. Kontakt herstellen	10. Selektive Authentizität Nicht alles, was wahr ist, muß ich sagen. Aber was ich sage, muß wahr sein.
4. Erwartungen klären	11. 50%-Regel Mindestens 50% der Energie zur Problemlösung müssen beim Gesprächspartner liegen.
5. Informationen zum Thema einholen 6. Im Hier und Jetzt bleiben	12. Bilanz ziehen Was haben wir geklärt, was bleibt offen? Welche Schritte stehen an?
7. ‚Ich' statt ‚Man' oder ‚Wir' verwenden	

5. Bann-Botschaften – Weg-Weiser – Erlauber
5.1. Bann – Botschaften[66]

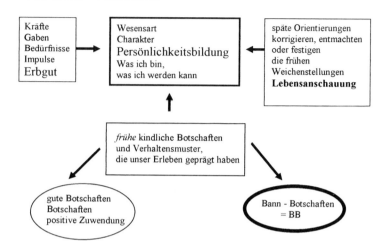

Abb. 21: Bannbotschaften

BB werden von Bezugspersonen aus ihrem K-Ich geäußert, wobei das Er-Ich ausgeschaltet ist. BB legen sich wie Rauhreif auf die zarte Kinderseele und hemmen das Wachstum. Sie wirken wie ein Zauberfluch im Märchen (< Bann-Botschaft). Dadurch entstehen Ver-wachsungen. Eine BB verhindert, daß die mit dem Verbot belegte Lebensregung (Neigung, Anlage) weiter ausgebildet wird.

Je näher die Bezugsperson, umso wahrscheinlicher nimmt das Kind die BB an, d.h. richtet sich innerlich danach (das Kind faßt selbst den Beschluß). BB werden verbal und nonverbal übermittelt. Ein Kind kann sich eine BB auch selbst geben.

5. 2 Häufige Bann – Botschaften

Bann-Botschaft	Varianten	Bedeutung
1. Sei nicht!	Ich kann dich nicht mehr sehen! Du wärest am besten nicht da! Ich knall dich an die Wand! indirekt: Abtreibungsversuche aus dem Haus jagen Internatseinweisung „Wir wollten eigentlich kein Kind mehr" „Ohne dich wäre ich im Beruf geblieben, und heut wär ich …"	*Urvertrauen* *Grundeinstellung: Ich bin ok* mächtigste, lähmendste BB Faßt das Kind den Beschluß, wird es zum ‚Rabattmarkensammler' „Jetzt langt's" Oft entsteht ein „Schlag-mich-Spieler"
2. Komm mir nicht zu nahe!	direkt verbal indirekt: vermeiden von Zärtlichkeit verbieten bestimmter Räume (z. B. Arbeitszimmer)	*Lebensglück braucht* *körperliche Zuwendung* Botschaft: Trau den Menschen nicht! Halt dich fern! Warte erst ab! Ich mache alles alleine. Wenn ich groß bin, heirate ich nicht.
3. Nimm dich nicht wichtig!	Stör mich nicht immer! Laß mich in Ruhe! Raus! indirekt: Nachlässigkeit in der Pflege Mißachtung der Wünsche	*Selbstvertrauen* *Selbstwertschätzung* Wer diese BB annimmt, wird Mühe haben, sich einmal durchzusetzen, bleibt still und zurückgezogen. oder Viel Aufwand für Fassadenpflege (Auto, Haus, …) korrespondiert mit: Meins ist besser als deins.
4. Sei kein Kind!	indirekt: untragbare Verantwortung aufbürden Besprechen der Eheprobleme	*altersgemäße Entwicklung* Spielen und Genießen nicht entfaltet, Retterrolle wird begünstigt. Eigene Bedürfnisse wird dieser Mensch nicht gelten lassen und sich von anderen kaum helfen lassen.
5. Sei nicht gesund!	Ist dir immer noch so schlecht? Tut es immer noch so weh? Symptome: Schweißausbruch Übelkeit bißchen Fieber Atembeschwerden	*Suche nach Zuwendung* Kranksein als erlernter Verhalten Ziel: etwas durchsetzen Vorteile erreichen von Anforderungen verschont bleiben

Bann-Botschaft	Varianten	Bedeutung
6. Schaff es nicht!	Wenn du erfolgreicher (interessanter, beliebter) wirst als ich (Bezugsperson), mag ich dich nicht mehr. indirekt: Ironische Zweifel an der Leistungsfähigkeit Die bestandene Prüfung findet keine Beachtung. Zu meiner Zeit, da war das noch ganz anders, schwerer. Doch jeder Mißerfolg, jedes Versagen wird durch die Bezugsperson begleitet.	*Freude und Anerkennung sind für die Leistungen des Heranwachsenden von Bedeutung.* Abbrechen des Erfolgskurses (Schule, Musikinstrument)
7. Tu's nicht!	Kind laß das ! Komm hierher! Vorsicht! Bleib weg! Um Gottes willen! Laß das! (das Kind untersucht den eigenen Körper, spielt mit anderen)	*Neugierde, Abenteuerlust, Phantasie, Kreativität* Es bildet Entscheidungsschwäche, nimmt nichts auf die eigene Kappe Störungen zum eigenen Körper/ Sexualität entstehen.

Krisenintervention

Trotz klarer Trennung zwischen Pädagogik und Therapie tritt durch die derzeitige Situation an unseren Schulen (vgl. Kann die Schule Reparaturbetrieb unserer Gesellschaft sein?) der Grenzbereich zwischen beiden Disziplinen zuweilen in den Blickpunkt. Immer häufiger werden Lehrerinnen und Lehrer über die erzieherischen Aufgaben und Herausforderungen (Erziehung zu Eigenverantwortlichkeit und Identitätsbegleitung) hinaus mit Verhaltensauffälligkeiten bzw. akuten Krisen konfrontiert: Aggressionen, totale Leistungsverweigerung, Angstzustände. Im Feld zwischen pädagogischer Zielsetzung und der therapeutischen Intention, einem Menschen in einer akuten oder längerfristigen Krise zu helfen, läßt sich die pädagogische Krisenintervention ansiedeln.

Was tun Sie, wenn Sie ein Kind weinend am Beginn des Unterrichts antreffen? Sie betreten das Klassenzimmer und sehen, wie ein Junge, der sich im ‚Schwitzkasten' eines anderen befindet, blau anläuft. Leicht ließe sich eine Liste solcher Krisen in der Schule aufstellen.

Häufig ist zu beobachten, daß LehrerInnen eingreifen, sofort zurechtweisen, beschuldigen, bestrafen, ohne Kenntnis der Situation. Nicht selten wird der ‚Falsche' bestraft und häufig derjenige, der sonst auch immer bestraft wird. Sie kennen die Äußerung „Immer bin's ich". Für eine längerfristige pädagogische Zielsetzung im Sinne einer Identitätsbegleitung ist es unerläßlich, daß der/die LehrerIn vorurteilsfrei handelt und den Schülern in der Krisensituation die Möglichkeit eröffnet, selbst zu sagen, wie sie ihre Situation sehen, was sie fühlen und wie sie ihre Situation verändern wollen. Auf jeden Fall muß der/die LehrerIn handeln, intervenieren. Der nächste Schritt „Wie gehen wir mit dieser konkreten Situation pädagogisch sinnvoll um?" muß sorgfältig überlegt und u. U. in der Klassenlehrerkonferenz und mit den Eltern erörtert werden.

Für eine Krisenintervention gilt grundsätzlich:

> Ich handle, wenn ich merke, daß jemand in der Krise ist, damit er aus ihr herauskommt.

Eine Krisenintervention ist sinnvoll, wenn folgende fünf Schritte berücksichtigt werden:

1. Ich nehme wahr.
Als LehrerIn nehme ich SchülerInnen in der Krise wahr (depressiver, aggressiver, psychosomatischer Typ). Gleichzeitig laufen in mir die Muster ähnlicher Erlebnisse ab (Vorerfahrung).
Eine klare Wahrnehmung braucht sachliche Distanzierung. Geraten Sie nicht in Panik und verfallen Sie nicht in Mitleid. Eine klare, hellwache Wahrnehmung braucht die sachliche Distanzierung.
Wenn Sie sich gefühlsmäßig in die Krise einlassen (Assoziation), ergreifen Sie Partei und beschuldigen u. U. den in der Krise befindlichen. Das wäre alles andere als hilfreich. „Wenn man sich zuerst dissoziiert, werden die Gefühle in eine sichere Entfernung, so daß man sich damit beschäftigen kann."[67] Wenn alle Sinne hellwach sind, können Sie die Krisensituation erfassen und die Körpersprache lesen.
Eine ‚Weitwinkelwahrnehmung' übersteigt die Sinneswahrnehmung. Die Wahrnehmung durch einen intuitiven Blick läßt die gesamte Situation erfassen. Wie wirkt das alles auf mich?
Erst nach dieser Wahrnehmung versuche ich die betreffende Person aus der Krise herauszuholen. Aus der Krise herausholen heißt aber nicht, die Krise bearbeiten. Wenn Sie also einen aggressiven Schü-

ler aus der Aggrression holen, ist damit noch nichts ausgesagt über folgende pädagogische Maßnahmen. Durch die Intervention holen Sie die betreffende Person zunächst aus jenen automatisch ablaufenden Gefühlen und Reaktionen, aus den von selbst ablaufenden (Schutz)mechanismen, die sich im Laufe des Lebens herausgebildet haben.

2. Ich nehme Kontakt auf.
Reden Sie die betreffende Person so an, daß sie Sie wahrnimmt. Versuchen Sie, die Person zum Sprechen zu bringen. Evozieren Sie Äußerungen, die anzeigen, wie sich die Person fühlt, wie es ihr geht. Achten Sie auf signifikante Details, auf das Besondere der Aussagen, der Körperreaktionen.

3. Ich signalisiere Verstehen.[68]
Formulieren Sie stellvertretend für die Person deren Gefühl. Eine Formulierungsbrücke kann dabei helfen, z. B. Ich kann mir vorstellen, daß dir das wehtut.
Grundvoraussetzung für das Verstehen sind nach C. R. Rogers drei Grundhaltungen: Kongruenz (Echtheit), Akzeptanz (bedingungsfreie Wertschätzung) und Empathie (einfühlendes Verstehen).[69] Diese sind keine Techniken, sondern sie fordern die ganze Person des Pädagogen, sie müssen in einem langen Prozeß als Haltung erworben werden.

4. Wir suchen nach Alternativen.
Schließen Sie einen ‚Mini-Vertrag‘.
Was möchtest du statt dessen? Was soll sich ändern? Was kannst du selber tun?
Was müssen die anderen tun?

5. Die Handlung
Was kannst du jetzt tun? Suche eine jetzt mögliche Tat (z. B. Platzwechsel).
Es liegt bei dir, was geschieht.

Anmerkungen

[63] O'Connor, a. a. O. 1995, S. 55 ff
[64] O'Connor, a. a. O. 1995, S. 149 ff
[65] vgl. Gührs M./Nowak C., Das konstruktive Gespräch. Ein Leitfaden für Beratung, Unterricht und Mitarbeiterführung mit Konzepten der Transaktionsanalyse, Meezen ³1995

[66] Rautenberg/Rogoll, Werde, der du werden kannst, Freiburg 1980

[67] O'Connor J./Seymour J., Neurolinguistisches Programmieren:Gelungene Kommunikation und persönliche Entfaltung, Freiburg 1992, S. 82

[68] vgl. die förderlichen Dimensionen (Haltungen, Aktivitäten) in der Begegnung von Person zu Person, in:
Tausch R./Tausch A.-M., Erziehungspsychologie, Göttingen 1979
Pallasch W., Pädagogisches Gesprächstraining, München 1987, S. 24 f
vgl. auch Aktives Zuhören S. 129
vgl. zu Kongruenz, Akzeptanz und Empathie auch Rapport aus NLP (gute wechselseitige Beziehung zweier Menschen) in: O'Connor a. a. O. S. 47 und Szenisches Verstehen (Erfassen der bewußten oder unbewußten Interaktionen zwischen Interaktionspartnern in einem gemeinsam geteilten Beziehungsprozeß) in der Psychoanalytische Pädagogik in: Muck/Trescher a. a. O. S. 172. Es wäre interessant, würde aber den Rahmen dieser Arbeit übersteigen, die verschiedenen Ansätze intensiver zu diskutieren

[69] Rogers C. R., Die klientenzentrierte Gesprächspsychotherapie, München 1972

11. Gestaltpädagogik in der Schule

Wissensvermittlung und wo bleibt die Erziehung?

Gestaltpädagogisch unterrichten konfrontiert Sie mit neuen Ebenen der Beziehung in der Schule, mit kritischer Hinterfragung, mit organisatorischen Grenzen und Neuorientierung:
- Was haben Sie heute gemacht? Da war was los nebenan! (Orff'-sche Instrumente)
- Ihre Schüler waren im Schulhaus unterwegs. Um was ging's denn da?
- Die haben geschwärmt von der Phantasiereise. Was ist denn das?
- Laß mal sehen, die Bilder sind ja phantastisch!
- Drei Stunden hintereinander – wie soll das gehen? Das kann ich mir nicht vorstellen.
- SchülerInnen fragen nach: Wann machen wir wieder …

- In diesem Schuljahr konnte ich erreichen, daß montags und mittwochs je drei Stunden hintereinander in einer schwierigen Klasse zur Verfügung stehen, weil ich alle meine Fächer unterrichten kann. So können wir z. B. für drei Stunden in die benachbarte Kirche gehen (Bibliodramatische Elemente). Der 45-Minuten-Takt kann ohne Schwierigkeiten aufgelöst werden.

- Durch die gestaltpädagogisch, d. h. lebensgeschichtlich orientierte Arbeit entsteht ein tieferes Vertrauensverhältnis, mehr Offenheit untereinander. Das Leben der jungen Menschen kommt in einer geschützten Atmosphäre zur Sprache. Das erhöht die Motivation und verringert die Bereitschaft, den Unterricht zu stören.
- Im Ablauf des Vormittags entstehen Oasen der Stille und Besinnung (Kreatives Malen/Schreiben).

Wissensvermittlung und *Erziehung* sollen gleichwertig nebeneinander stehen. Muß sich Schule verändern? Was ist schulische Erziehung?
Überblickt man die didaktische Konzeptionen und Schulkonzepte der vergangenen zwei Dekaden, so entdeckt man eine Wandlung in der Vorstellung von dem, was Schule sein soll. Die veränderte Situation der Kinder und Jugendlichen erfordert eine personenzentrierte Didaktik und Pädagogik in der Schule. Was aber heißt ‚Er-

ziehung' in der Schule? Eine Zurechtweisung zwischen Tür und Angel im Wechsel der 45-Minuten-Stunden, die in erster Linie inhaltsorientiert sind, ist noch lange keine Pädagogik, die unseren Kindern und Jugendlichen gerecht wird.

Eine schülerorientierte Didaktik der Beziehung sieht Intelligenz nicht nur als kognitive, sondern auch als *personale Intelligenz*. Sie sieht Lernen ganzheitlich, d. h. interpersonal und intrapersonal.[70] Wenn Schule auf das Leben vorbereiten will, darf sie sich nicht nur an den Fachwissenschaften der Unterrichtsfächer orientieren (Sachwissen), sie muß die SchülerInnen mit Kompetenzen ausrüsten, die sie befähigen zwischenmenschlich zu bestehen (Orientierungswissen). Folgende Abbildung zeigt Aspekte schulischer Erziehung, die über die Ebene des Sachwissens hinausgehen.

Bildungsinhalte

Fächerkanon
Lebensbeispiele
(Erzählungen, Gedichte, Lebensbeschreibungen, Filme z. B. M. Teresa)
Regeln, Normen, Rechte, Werte, Ideale
10 Gebote, Menschenrechte
globale Zusammenhänge
z. B. Treibhauseffekt

Ästhetik

Leibbewußtsein
Bewegung, Aussehen
Freude an der Schönheit der Natur

Fähigkeiten Fertigkeiten

Fächerkanon

lesen, schreiben, rechnen
Texte analysieren
nähen, kochen
löten, sägen

Kompetenzen
kommunikative
diakonische/caritative
interkulturelle
spirituelle

Fähigkeiten   Fertigkeiten

Schulische Erziehung

Einstellungen   Haltung

Kompetenzen
technische (Gestaltungs-)
ökologische
historisch-politisch-
gesellschaftskritische

personale Kompetenz

Kriseninterventionen

angstlösende-konfliktbewältigende
Kommunikation
Streit, Aggression
Ängste, Versagen
Schuld

**Selbstwertgefühl/Selbstvertrauen
Identität**
Wer bin ich? Wer möchte ich sein?
Wie stehe ich da?
Wie zeige ich mich?
Wie sehen die anderen mich?
Wie will ich gesehen werden?
Zeige ich mich, wie ich wirklich bin?
Welche Masken trage ich?
Welche Stärken/Schwächen habe ich?

Identitätsbegleitung

Lebensgeschichte
Familie, Klasse, Freunde
Krisen/Grenzerfahrungen
Entwicklungskrisen
Schulwechsel, Wohnortwechsel,
Krankheit, Verlust von
Angehörigen (Scheidung/Tod)
Stärken/Schwächen
Geschlechtsidentität
Berufsfindung

Abb. 22: Aspekte schulischer Erziehung

Abb. 22 veranschaulicht den Wandel der Schule. Das gestaltpädagogische Quadrat (vgl. S. 25) zeigt, daß die Personen – SchülerInnen und LehrerInnen – mit ihren je eigenen Herkunfts- und Lerngeschichten, mit ihren Beziehungen untereinander in dieser Schule genauso ernst genommen werden wollen wie die Themen der Lehrpläne. Vielleicht müssen sich die Lehrpläne genauso an den SchülerInnen orientieren wie an den einzelnen Fachdisziplinen und ihrer Systematik.

Der gestaltpädagogisch orientierte Unterricht ermöglicht ein vertiefendes Lernen durch eine *Didaktik der Verlangsamung*[71]. Es wird nicht immer Verschiedenes auf die gleiche Weise in schnellem Tempo abgehandelt, sondern öfters Gleiches auf unterschiedliche Art und Weise vertiefend. Dadurch wird die Einbahnstraße ‚Lehrer – Inhalt – Schüler‘ verlassen, ein dialogisches Geschehen beginnt. Verlangsamung heißt dann auch, Unvorhersehbarem nicht ausweichen, *Störungen des Unterrichts als Chance* für mehr Beziehung wahrnehmen, Unzulängliches, Befremdliches, Unfertiges nicht abtun, weil es einer Beschleunigungsdidaktik zuwiderläuft. Weniges ist viel mehr, wenn es mit allen Sinnen und körperlich begriffen wird. Die Überschätzung der kognitiven Vermittlung von Wissen geht auf Kosten der Persönlichkeitsentwicklung der SchülerInnen. Die Gestaltpädagogik will die/den ganze/n SchülerIn sehen, also auch die Dimensionen des Emotionalen und des Leiblichen. Gerade in unserer Zeit ist die Bildung des Herzens, die „Kultur der Affekte“[72] ein bedeutsames Erziehungsziel. Dieser Unterricht darf sich nicht hetzen lassen vom ‚Stoff‘. „Angesichts der üppigen Medienparks, der perfekt bestückten Lehrmaterialien, die alle Lücken stopfen wollen, will mir oft scheinen, unseren Bildungseinrichtungen täte eine neue Armut gut: Statt der vollgestopften Köpfe eine Kultur des sorgsamen Umgangs mit Wenigem. Ein sich Einlassen auf das Fragment, eine Sympathie zu leeren Räumen, in denen Konzentration entstehen kann.“[73]

Die hier vorgestellten Unterrichkonzeptionen zeigen, daß ein gestaltpädagogisch orientierter Unterricht nicht nur Wissenstoff vermitteln will, sondern die Selbstwirksamkeit der SchülerInnen anregen will, ihr Leben selbst-reflexiv zu betrachten, zu verändern.

wissenschaftsorientierter empirisch fundierter wertneutraler lernzielorientierter Unterricht scientistische Grundorientierung der Einzelfächer	**Menschenbild(ung)?** 	Erziehender Unterricht Sinnerschließender Unterricht Werteerziehung ganzheitliche Bildung personale Kompetenz Identitätsbegleitung lebensgeschichtliche Orientierung des Unterrichts

Schule als Stätte der Wissensvermittlung Primat der Ziele und Inhalte		Schule als Lebens-Raum Primat des (Inter)Personalen

Abb. 23:
Schule und Bildung

Unterrichten, Erziehen, Heilen –
ein therapeutischer Religionsunterricht?

Um es gleich zu sagen: Der Religionsunterricht kann nicht therapeutisch sein. Wir LehrerInnen sind in der Regel nicht therapeutisch ausgebildet; wir verfügen nicht über ein therapeutisches Setting und Schule hat keine therapeutische Zielrichtung. Uns begegnen zwar Tag für Tag viele SchülerInnen, die dringend einer therapeutischen Behandlung bedürfen. Ich begleite über viele Jahre hinweg als Klassenlehrer vor allem SchülerInnen der Orientierungsstufe in einer Realschule. Dabei ist mir aufgefallen, daß jeweils ein relativ hoher Anteil der Klasse (5 bis 10 SchülerInnen) Verhaltensauffälligkeiten zeigt, die eine intensive Begleitung des/der Lehrers/In erforderlich machen: Konzentrationsmangel, motorische Unruhe und Hyperaktivität, Ängste, eine dispositionelle Grundängstlichkeit, Unsicherheit, Lernstörungen, Lustlosikkeit, impulsives Verhalten und Aggressivität, Überverwöhnt – kooperationsschwaches Verhalten.
Im Umgang mit den Kindern und Jugendlichen ist mir aufgefallen, daß pädagogisches Handeln (griech. ein Kind führen) in vielen Si-

153

tuationen, ob ich es gezielt wollte oder ob es zufällig war, zutiefst heilend sein kann:

Ist es nicht heilend, wenn ich (wir) einem Kind, das in der Klasse isoliert ist, signalisieren kann, daß ich es verstehe?

Ist es nicht heilend, wenn ich Anteil nehme an einer Verletzung, wenn ich Partei ergreife für ein Kind, das immer denselben Tätern zum Opfer fällt, ohne daß ich urteile oder verurteile?

Ist es nicht heilend, wenn wir aktuelle Lebens – Themen (Konflikte, Ängste, Verlassen-werden, Tod eines Verwandten, u. a.) aufgreifen und Anteil nehmen, auch wenn das konkrete Ereignis nicht direkt im Mittelpunkt stehen muß?

Ist es nicht heilend, wenn ich als grenz-ziehender und vielleicht strafender Lehrer wieder den ersten Schritt mache und sage: Komm, wir probieren's miteinander?

Wir könnten die Aufzählung sicher weiterführen. Das Ergebnis ist für mich: Auch eine Schulpädagogik ist heilend und muß heilend sein, eine Religionspädagogik allemal. Das Heilende der Pädagogik hat nichts zu tun mit therapeutischen Handeln in dem Sinne, daß wir gezielt krankhafte Persönlichkeitsmerkmale diagnostizieren und aufarbeiten wollen. Das Heilende gehört m. E. zutiefst zur Erziehung. Erziehung ist Herausführung aus der Unfreiheit, der Begrenzung, aus der Ich-Verhaftung, aus Verletzungen und Kränkungen. Erziehung ist Öffnung für das Andere, die Anderen, für neue Wege, für Entfaltung der eigenen Kräfte und Fähigkeiten. Erziehung ist das Erkennen-helfen der eigenen Ressourcen, der Kraftquellen, die zum Gehen verhelfen. Daß das Sich-Öffnen mit Rückschlägen, mit Verirrungen, mit Verletzungen, mit Sackgassen zu tun hat, weiß jeder aus der eigenen Lebensgeschichte. Aus dieser Haltung des/der erziehenden Lehrers/In kann eine heilsame Wegbegleitung der SchülerInnen möglich werden. Es gibt so viele Kinder und Jugendliche, die solche Wegbegleitung dringend brauchen (vgl. Kap. 4 Psalmenschreiben).

A. Höfer begründet das Heilsame des Religionsunterrichts biblisch-theologisch[74]. Nach Höfer haben Pädagogik und Therapie das gleiche Ziel, dem Menschen zum Heil-Sein zu verhelfen, aber Pädagogik und Therapie haben nicht die gleiche Art des Handelns. M. E. haben sie auch nicht den gleichen Ausgangspunkt. Die Therapie geht vom kranken Menschen aus, der unter hohem Leidensdruck den/die TherapeutenIn aufsucht, der/die Pädagoge/in begegnet dem jungen Menschen im Rahmen der Schule mit der Zielsetzung der Bildung. Bildung beinhaltet auch Identitätsbegleitung, Identität hat mit Ganzheit und Heilsein zu tun[75].

Therapie und Pädagogik befassen sich beide mit dem Entwicklungs- und Reifegeschehen eines Menschen. Die Therapie aber in erster Linie mit der ‚Reparatur' eines fehlgeleiteten Entwicklungsgeschehens.

Wenn schulische Erziehung sich auf die Erkenntnisse der Humanistischen Psychologie stützt (vgl. Rogers Überlegungen im Umgang mit Menschen: Kongruenz, Akzeptanz, Empathie), dann verändern sich Beziehungen in der Schule, das klischeehafte Rollenverhalten von Schülern und Lehrern bricht auf. Dann begegnen sich weniger Schüler und Lehrer, sondern Menschen mit Sorgen, Ängsten, Freuden, Visionen, Erlebnissen. Vielleicht kann liebende Begegnung sich ereignen, die Menschen nicht übergeht, festlegt und verurteilt, sondern sie so begleitet, daß sie selbstwirksam ihre Möglichkeiten und Kräfte entfalten.

Das hier aufgezeigte gestaltpädagogische Handeln in der Schule (Psalmenschreiben, Glaubensbekenntnis, Bibliodramatische Elemente) spürt dem erzieherisch Möglichen nach, auch unter dem Blickwinkel des Heilenden in der biblischen Botschaft.

Schülerorientiert unterrichten?[76]

An dieser Stelle soll nicht eine gestaltpädagogische Unterrichtslehre oder eine gestaltpädagogische Didaktik[77] entworfen werden. Es geht darum, dem Postulat der Personenzentrierung/Schülerorientierung im gestaltpädagogisch orientierten Unterrichtsverlauf nachzuspüren. H. Schmid vergleicht den Unterricht mit einem Schiff, das in Bewegung kommen soll. Folgende Fragen bewegen uns: Wie bringen wir das Schiff in Bewegung? Welche Bewegung wird es haben? Wird es überhaupt in Fahrt kommen? Wird es nur dahindümpeln oder sogar in Sturm geraten, vielleicht sogar kentern?

Eine Unterrichsstunde teilt er in folgende 6 Phasen ein. Dabei möchte ich 2 Phasen besonders hervorheben: die vorunterrichtliche Phase und die Gestaltungsphase.

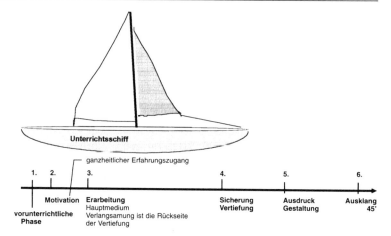

Abb. 24: Unterrichtsphasen

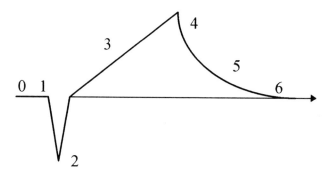

Abb. 25: Verlauf der Unterrichtsphasen

In der vorunterrichtlichen Phase (0–1) ist das *Kontaktschließen* entscheidend: Wahrnehmen, was ist in diesem Raum, in dieser Klasse beim Eintreten. Beziehung aufnehmen – was bewegt die SchülerInnen. Welche Probleme und Ereignisse aus den vorhergehenden Stunden oder von außerhalb der Schule ,stehen' im Raum? Wird am Anfang innerhalb dieser Phase versäumt, eine Basis für gemeinsames Lernen zu schaffen, dann kommt es später aufgrund der nichterledigten Aufgaben immer wieder zu Störungen. Wichtige Aufgaben in der Vorphase sind:

– Gestaltung des Klassenzimmers für den konkreten Unterricht
– Herstellung einer Beziehung zu den SchülerInnen
– Herstellung einer Beziehung des/der LehrerIn zu sich selbst (Konzentration auf das, was ich als LehrerIn will)

Die vorunterrichtliche Phase endet mit einer körperlichen Synchronisierung: Aufstehen und begrüßen oder Gebet/mediatives Element/Lied. Über eine äußerliche Gemeinsamkeit soll eine innere Gleichgestimmtheit und Synchronisation angeregt werden. Je heterogener die konkrete Gestimmtheit einer Klasse infolge der aktuellen Situation ist, desto wichtiger wird die körperliche Synchronisation.

Die *Gestaltungsphase* hat die Aufgabe, die erfahrungs- und wissenmäßigen Eindrücke, welche die Schüler während der Erarbeitung und Vertiefung gewonnen haben, zum Ausdruck zu bringen und zu *gestalten*. Das, was durch die fremde Form (Medium/Medien) angestoßen wurde, soll nun eine eigene Form/Gestalt erhalten. Sicherung und Vertiefung setzt sich fort auf dem Hintergrund der individuellen Erfahrung. Dieser Gestaltungsprozeß wird über die Bereitstellung offener Strukturen, in denen sich die Schüler in ihrer Weise ausdrücken, in Gang gesetzt. Das Malen oder das Spiel bieten eine offene Struktur, in der die SchülerInnen ihre individuelle Verarbeitung zum Ausdruck bringen können. Es ist die Phase des Selbstbezuges, der Innenschau, der „Auslotung der eigenen Kontaktgrenze"[78]. Es ist eine Phase der ganzheitlichen Aufnahmebereitschaft. Durch Fokussieren und Innenschau wird Bewußtheit möglich. Es kommt zu vertiefter Eigenwahrnehmung. In dieser Gestaltungsphase des Unterrichts wird der Kreativität und der Phantasie freier Raum gegeben. Hier braucht der/die LehrerIn nicht eingreifen, weil sie vertrauen können, daß jede/r ihre/seine eigene „Prägnanztendenz"[79], die Tendenz zur guten Gestalt, in sich trägt. Hier kristallisieren sich Erfahrungen, Ängste, Konflikte, Hoffnungen ihres persönlichen Lebens. Am Ende der Gestaltungsphase erfolgt die Rückmeldung, das Präsentieren im geschützten Raum, wobei das Prinzip der Freiwilligkeit gewahrt werden muß, was nicht heißt, das der/die LehrerIn nicht ermutigen kann zur Präsentation.
Schmid betont, daß das dargestellte Modell des Unterrichtsaufbaus, von der Außenorientierung kommend zur Innenorientierung und individuellem Lernen fortschreitend, auch umgekehrt werden kann. In beiden Fällen aber ist die Energie der SchülerInnen begrenzt und fordert den jeweiligen Wechsel in die andere Form. Dehnt sich eine Form über ca. 20 Minuten aus, nimmt der Unruhegrad der Schüler/innen in einer steilen Kurve zu. Diese Unruhe entspringt nicht aus der Verfaßtheit der SchülerInnen, sondern aus dem Unterrichtsarrangement des/der LehrerIn.

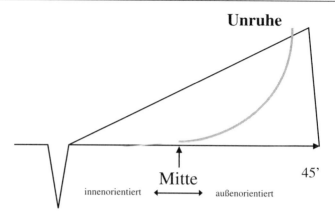

Abb. 26: Wechsel von Innen- und Außenoreintierung

Weil ein gestaltpädagogisch orientierter Unterricht alle Determinanten von Unterricht berücksichtigt (Lehrer/Schüler/Methoden/ Medien/Ziele/gemeinsame Situation – vgl. gestaltpädagogisches Quadrat), hat er nicht primär Ziele (lernzielorientiert) oder Themen (inhaltsorientiert) im Blickpunkt, sondern die Personen in Beziehung zu Zielen und Inhalten.

Ich habe die Erfahrung gemacht, daß SchülerInnen der Sekundarstufe I durchaus einen Zeitrahmen von einer Unterrichtsstunde brauchen (z. B. beim Malen/Glaubensleporello) und in dieser Zeit hochmotiviert (intrinsisch) und intensiv arbeiten. Dabei ist es von Vorteil, wenn der/die LehrerIn sich in gleicher Weise mit dem Thema auseinandersetzt.

Diese Gestaltungsphase schließt mit einer Auswertung, d. h. einer ganzheitlichen Reflexion. In einem Kreisgespräch tauschen wir Erfahrungen, Eindrücke, das im Gestalten ,Aufgetauchte' aus. Dabei ist es wichtig, für die SchülerInnen einen geschützten Raum zu bieten. Jede/r soll wissen und spüren, daß da Jemand ist, der beschützend, wohlwollend – empathisch begleitet, der selbst weiß um die Möglichkeiten und Grenzen des Lebens. Es fällt auf, daß junge Menschen Echtheit/Kongruenz des/r Begleiters/In gut erspüren. Wichtig ist auch, daß in der Auswertung niemand gezwungen wird, seine Erfahrungen mitzuteilen (Prinzip der Freiwilligkeit). Es hat sich gezeigt, daß immer SchülerInnen bereit sind zum Erfahrungsaustausch. Den Zurückhaltenden wird der geschützte Raum in einer selbstgewählten Kleingruppe angeboten.

Eine Schulorganisation, die einer gestaltpädagogische Arbeit positiv-wohlwollend gegenübersteht und eine gestaltpädagogische Didaktik[80] bejaht, wird darauf achten, daß LehrerInnen ihre Deputatsstunden nach Möglichkeit in Stundenblöcken erhalten. Dadurch ist gewährleistet, daß ein/e LehrerIn in Eigenverantwortung die Unterrichtszeit einteilt. So können Gestaltungsphase und Auswertung an einem Tag erfolgen.

Unter Berufung auf Burow/Quitmann/Rubeau (1987) formuliert H. Grausgruber Kriterien für einen gestaltpädagogischen Unterricht[81]:
– *Die Verbindung der Lerninhalte mit persönlichen Bedeutungen.* Überprüfen Sie dazu die Bezogenheit der durch den Lehrplan vorgegebenen Inhalte der Unterrichtskonzeptionen in den einzelnen Kapiteln mit den jeweiligen Schülerarbeiten!
– *Die Einbeziehung der individuellen Lebensgeschichte.* Vergleichen Sie die Schülerarbeiten!
– *Das Ausgehen vom Hier-und-Jetzt des Klassenraumes* thematisiert die aktuelle Lernsituation.
Die Berücksichtigung möglichst vielfältiger Sinnesebenen: visuell, akustisch, kinästhetisch, haptisch, olfaktorisch
– *Die Förderung einer lernanregenden Klassenatmosphäre durch*:
 a) Interaktion
 b) Einüben von Kommunikation (Vermeiden von Beziehungsblockern, Aktives Zuhören, Analyse der Sprache)
 c) Aufmerksamkeit auf die Körpersprache
– *Aufbau positiver und hilfreicher Beziehungen*
– *Experimentieren mit Entscheidungen* durch imaginative Antizipation möglicher Folgen und durch Probehandlungen
– *Eröffnung eines Zugangs zu den imaginativen Kräften* (Phantasiereisen/Imaginationsübungen)
– *Förderung des Selbstausdrucks* durch Spiel, Musik, Tanz, Malen
– *Förderung der Kreativität* durch Produktion eigener Unterrichtsmaterialien
– *Verwendung von Identifikationsübungen zur Bewußtwerdung projektiver Anteile*

Aus unserer gestaltpädagogischen Unterrichtserfahrung kann dieser Aufstellung ein weiteres Kriterium hinzugefügt werden:
– Förderung einer persönlichen Spiritualität durch: Formulierung eigener Gebete/Gespräche mit Jesus bzw. Gott

Zusammenfassend möchte ich vorsichtig formulieren, daß Gestaltpädagogik die Haltung des/der LehrerIn so verändert, daß er/sie

159

das Gesamte des Unterrichts/der Schule mehr ins Blickfeld bekommt.

Der personenzentrierte, schülerorientierte und erfahrungsbezogene Ansatz ist hilfreich, die Persönlichkeitsentwicklung der SchülerInnen im Sinne einer Identitätsbegleitung zu begleiten. Mit der Gestaltpädagogik ist die Chance größer, daß die Beziehungen in der Schule vorankommen und die kognitive Wissensvermittlung ihren ihr gebührenden Platz zugewiesen bekommt.

ANMERKUNGEN

[70] Goleman D., Emotionale Intelligenz, München 1996, S. 60-61

[71] vgl. Hilger G., Für eine Verlangsamung im Religionsunterricht, in: KatBl 1/1994

[72] Mitscherlich A., zit. nach Baldermann J., Wer hört mein Weinen, Neukirchen – Vluyn 1995

[73] Rumpf H., Abschied vom Bescheidwissen, in: KatBl 4/1994

[74] vgl. Klaushofer J. W., a.a.O., Kap. 9 Verkündigen und Heilen – Fragen zum „therapeutisch-orientierten" Religionsunterricht

[75] zu Fragen der Begriffsbestimmung von Identität vgl.:
Erikson E. H., Identität und Lebenszyklus, Frankfurt 1976
Kleßmann M., Identität und Glaube, Mainz 1980
Hauermann K., Identitätsentwicklung, New York 1983
Macha H., Pädagogisch-anthropologische Theorie des Ich, Bad Heilbrunn 1989

[76] vgl. Schmid H., Aufbau, Dramaturgie und Zeitstruktur einer Unterrichtsstunde, Bensberger Protokolle 86: Im Zeichen einer veränderten Kindheit, Hrsg. von Isenberg W.

[77] Grausgruber H., Die Gestaltpädagogik im Rahmen der Didaktik. Ein Vergleich der Konzepte, in: Höfer A., Heile unsere Liebe. Ein gestaltpädagogisches Lese- und Arbeitsbuch, München 1997, S. 242-256

[78] Klaushofer J. W., Komm zu (m)einem Dia – Vortrag! in: KatBl 121 (1996) 390

[79] Ders., 392

[80] vgl dazu Grausgruber H., a.a.O. S. 290f

[81] Grausgruber H., a.a.O., S. 294-295

12. Im Mittelpunkt steht der Mensch

Ein meditatives Schlußwort

Da ist ein Mensch – ein Kind – mein Schüler – meine Schülerin.
unverwechselbar in seiner Individualität und Einzigartigkeit
einmalig in seiner Anlage, seiner Begabung, seinen Fähigkeiten
Jede Linie dieses Menschenlebens ist nötig, um den Fingerabdruck
zu identifizieren.
Jede Linie – und sei sie noch so eigenartig
herausfordernd
unpassend
ärgerlich.
Linien, die mir oft seltsam erscheinen,
Linien, die oft nicht verstehe,
Linien, die ich am liebsten verändern, unterbrechen wollte.

Lebenslinien, die ich formen, beurteilen, korrigieren will.
Linien – meinen provozierenden und urteilenden Worten ausgesetzt,
meiner Argumentation und Macht preisgegeben.
Lebenslinien – vielleicht sind sie doch richtig,
Bausteine eines Ganzen,
auch wenn ich das nicht verstehe.
Linien, die das Unauswechselbare, eine neue Identität hervorbringen.

Da ist ein Mensch – mein Schüler – meine Schülerin
angenommen, akzeptiert, umsorgt, erwartet, geliebt und liebenswert.
Wie könnte er sonst wahrnehmen
schauen
sprechen
lachen
lernen
teilen
lieben?

Da ist ein Mensch – mein Schüler – meine Schülerin
nicht gewollt, zuviel, abgelehnt, allein gelassen, ohne Beziehung,
voller Angst und Unsicherheit,
geschunden, unverstanden, gebrochen,
in Gefahr, unter die Räder zu kommen.
Das Antlitz – grau
abgespannt
provozierend
aggressiv
krampfhaft nach Zuwendung suchend.
Wer gibt ihm Nähe, Geduld, die aushält und standhält?
Wer gibt ihm Freude, die vermittelt, daß alles einen Sinn hat?
Wer schenkt ihm Zeit, die not-wendig ist für eine Beziehung,
denn der Mensch ist wichtig, nicht Lehrpläne und Leistung?
Wer weckt Hoffnung, daß es einen Weg gibt, eine Richtung, die
zum Ziel führt?
Wer hilft ihm, einen Platz zu finden in dieser Welt?
Unsere Schulen sind großartig
geräumig
hell und sauber.
Wir arbeiten mit Büchern

Projektoren
Modellen
Computern.
Wir informieren sachlich
wissenschaftlich
umfassend.

Aber das Antlitz der Kinder?

Wann sind wir ‚anwesend'?
Wann schenken wir Nähe und Geborgenheit?
Welchen Lebens – Raum öffnen wir in der Schule?
Welches Gesicht geben wir unserer Schule?
Wann lieben wir diese Kinder?
Für jedes Kind, das zur Welt kommt, gilt
– auch wenn es nachträglich wäre –
es anzunehmen, dankbar zu sein, daß es lebt,
es zu begleiten, daß es leben lernt.
Sind sie wirklich geliebt um ihrer selbst willen?
Ich suche – trotz aller Schwierigkeiten und Grenzen – nach Weite zum Atmen.
Ich suche – trotz der Defizite und Entäuschungen – nach neuen Wegen.
Ich suche nach dem, was die Schule menschlich macht.

Literaturverzeichnis

Gestaltpädagogik

Bartel E., Gestaltpädagogik, in: Miller R. (Hg.), Schule selbst gestalten. Bd. 1 Beziehung und Interaktion, Weinheim 1996

Buber M., Auf die Stimme hören. Ein Lesebuch, Ausgewählt und eingeleitet von Wachinger L., München 1993

Buber M., Das dialogische Prinzip, Gerlingen [7]1994

Burow/Quitmann/Rubeau, Gestaltpädagogik in der Praxis, Unterrichtsbeispiele und spielerische Übungen für den Schulalltag, Salzburg 1987

Burow O.-A., Soziale Kompetenz als Schlüsselqualifikation. Unterrichtskonzepte der Gestaltpädagogik in: Die Unterrichtspraxis Heft 7, 11/1994, Beilage zu b & w der GEW Baden-Württemberg

Burow O.-A., Gestaltpädagogik, Trainingskonzepte und Wirkungen, Paderborn 1993

Burow O.-A./Neumann-Schönwetter (Hg.), Zukunftswerkstatt in Schule und Unterricht, Hamburg 1995

Burow O.-A./Gudjons H., (Hg.), Gestaltpädagogik in der Schule, Hamburg 1994

Dinslage A., Gestalttherapie, Mannheim [3]1995

Faber W., Leitsätze und Verfahren in der Gestaltpädagogik, in: KatBl 108 (1983) 365-378

Fatzer G., Ganzheitliches lernen, Paderborn 1993

Fuhr R./Gremmler-Fuhr M., Gestalt – Ansatz, Grundkonzepte und -modelle aus neuer Perspektive, Köln 1995

Glettler M., Ein Schulkonflikt und seine gestaltpädagogische Aufarbeitung, in: KatBl 112 (1987) 124-129

Grausgruber H., Gestalt-integrative Fortbildung mit Religionslehrer/innen. Theoretische und empirische Analysen zur Person, zum beruflichen Kontext und zu den Konzepten der Kompetenzerweiterung. Dissertation am Institut für Katechetik/ Religionspädagogik der Katholisch-Theologischen Hochschule Linz, 1994

Grausgruber H., Die Gestaltpädagogik im Rahmen der Didaktik. Ein Vergleich der Konzepte, in: Höfer A., Heile unsere Liebe. Ein gestaltpädagogisches Lese- und Arbeitsbuch, München 1997

Heinel J., Der König ruht im Klassenzimmer, Gestaltpädagogik zum Kennenlernen, Frankfurt 1993

Höfer A./Thiele J., Spuren der Ganzheit, Impulse für eine ganzheitliche Religionspädagogik, München 1982

Höfer u. Mitarbeiter, Gestalt des Glaubens, Beispiele aus der Praxis gestaltorientierter Katechese, München 1982

Höfer A., Gottes Wege mit den Menschen, Ein gestaltpädagogisches Bibelwerkbuch, München 1993

Höfer A., Ins Leben kommen, Ein gestaltpädagogisches Bibelwerkbuch, München 1995

Höfer A., Der Religionslehrer und der Religionsunterricht, in: cpb 109 (1996) 198-201

Höfer A., Heile unsere Liebe. Ein gestaltpädagogisches Lese- und Arbeitsbuch, München 1997

Höfer A., Zur Wechselwirkung von Lebensentwicklung und Glaubenserfahrung, in: Institut für Integrative Gestaltpädagogik und Seelsorge, Graz, Nr. 9 3/1998

Klaushofer J.W., Gestalt, Ganzheit und heilsame Begegnung im Religionsunterricht, Salzburg 1989

Klaushofer J. W., Komm zu (m)einem Dia-Vortrag! Eine exemplarische ‚Bildfolge‘ aus der gestaltpädagogischen Arbeit, in: KatBl 121 (1996) 389–395

Neuhold H. (Hg.), Leben fördern – Beziehung stiften. Institut für Integrative Gestaltpädagogik und Seelsorge, Graz 1997

Rahm D., Gestaltberatung: Grundlagen und Praxis integrativer Beratungsarbeit, Paderborn 1995

Scharer M., Begegnungen Raum geben, Mainz 1995

Schmid H., Aufbau, Dramaturgie und Zeitstruktur einer Unterrichtsstunde, in: Bensberger Protokolle 86: Im Zeichen einer veränderten Kindheit, Schriftenreihe der Thomas-Morus-Akademie Bensberg, hg. von Isenberg W.

Schmid H., Die Kunst des Unterrichtens. Ein praktischer Leitfaden für den Religionsunterricht, München 1997

Staemmler F.-M., Therapeutische Beziehung und Diagnose, München 1993

Staemmler F.-M./Bock W., Ganzheitliche Veränderung in der Gestalttherapie, München 1991

Schreiner M., ‚Neues‘ Wahrnehmen der Wirklichkeit?. Überlegungen zu Chancen und Grenzen der Gestaltpädagogik, in: KatBl 121 (1996) 396-401

de Roeck B.-P., Gras unter meinen Füßen, Eine ungewöhnliche Einführung in die Gestalttherapie, Reinbek 1994

Stieber Ch., Ganzheitliches Lernen im Religionsunterricht, Gestalttherapie und Gestaltpädagogik in ihrer Auswirkung auf die Gestalt des Lehrers. Zulassungsarbeit zur Wissenschaftlichen Prüfung für das Lehramt am Gymnasium, Freiburg 1988

Trendelkamp M., „Krank sein“ und „Heil werden“ in biblischen Geschichten. Impulse aus der tiefenpsychologischen Bibelauslegung für die Religionspädagogik, in: ru Zeitschrift für die Praxis des Religionsunterrichts 1/1992, S. 13–17

Zilleßen D., Gestaltpädagogik, Integrative Pädagogik: Verheißung oder Versuchung, in: Der Evangelische Erzieher. Zeitschrift für Pädagogik und Theologie 12/97, Frankfurt 1997

Beziehung – Kommuniaktion – Interaktion

Baldermann I., Wer hört mein Weinen? Kinder entdecken sich selbst in den Psalmen, Neukirchen Vluyn ⁵1995

Cohn R., Von der Psychoanalyse zur Themenzentrierten Interaktion, Stuttgart 1992

Fittkau B. (Hrsg.), Pädagogisch – psychologische Hilfen für Erziehung, Unterricht und Beratung, Bd 1 und 2, Aachen – Hahn 1993

Gudjons H., Spielbuch Interaktionserziehung, Bad Heilbrunn 1992

Gudjons H./Pieper M./Wagener B., Auf meinen Spuren. Das Entdecken der eigenen Lebensgeschichte, Hamburg 1994

Gudjons H., Didaktik zum Anfassen. Lehrer/in-Persönlichkeit und lebendiger Unterricht, Bad Heilbrunn 1997

Gührs M./Nowak C., Das konstruktive Gespräche. Ein Leitfaden für Beratung, Unterricht und Mitarbeiterführung mit Konzepten der Transaktionsanalyse, Meezen ³1995

Grindler M., NLP für Lehrer, Ein praxisorientiertes Arbeitsbuch, Freiburg 1992

Grom B., Methoden für Religionsunterricht, Jugendarbeit und Erwachsenenbildung, Düsseldorf 1985

Heinemann U./Heinrich B., Reden – Zuhören – Antworten, München 1985

Heinemann U./Müller A., Wir leben miteinander – Konflikte fair austragen. Gesprächstraining im RU. Unterrichtsanregungen – Schülermaterial, IRP Unterrichtsmodelle + Informationen für den RU an Realschlen und Gesamtschulen, Institut für Religionspädagogik der Erzdiözese Freiburg 1993

Miller R., Lehrer lernen, Weinheim 1989

Miller R., „Das ist ja wieder typisch", Kommunikation und Dialog in Schule und Schulverwaltung, Weinheim 1995

Miller R. (Hg.), Schule selbst gestalten, Bd. 1 Beziehung und Interaktion, Weinheim 1996

Oberthür R./Mayer A., Psalmwort-Kartei, In Bildworten der Bibel sich selbst entdecken, Agentur Dieck

O'Connor J./Seymour J., Neurolingiustisches Programmieren: Gelungene Kommunikation und persönliche Entfaltung, Freiburg 1995

Pallasch W., Pädagogisches Gesprächstraining, München 1990

Stein A., Sozialtherapeutisches Rollenspiel, Neuwied 1993

Schulz von Thun F., Miteinander reden 1 und 2, Reinbek 1989

Tennstädt K.-Ch./Krause F. u. a., Das Konstanzer Trainingsmodell (KTM). Neue Wege im Schulalltag: Ein Selbsthilfeprogramm für zeitgemäßes Unterrichten und Erziehen, Göttingen 1992

Tausch R./Tausch A.-M., Erziehungspsychologie, Göttingen 1979

Vopel K. W., Interaktionsspiele für Jugendliche Teil 2, Hamburg 1994

Wahl D. u. a., Psychologie für die Schulpraxis, München 1984

Weisbach Ch.-R., Professionelle Gesprächsführung, München 1994

Krisenintervention und Konfliktbearbeitung

Becker G. E., Lehrer lösen Konflikte, Weinheim 1983

Gordon Th., Lehrer-Schüler-Konferenz. Wie man Konflikte in der Schule löst, München 1974

Pallasch W., Pädagogisches Gesprächstraining, München 1990

Rahm D., Psychotherapeutische Interventionsmöglichkeiten und ihr Stellenwert für den Pädagogen, in: Fittkau B (Hrsg.), Pädagogisch-psychologische Hilfen für Erziehung, Unterricht und Beratung Bd. 2, Aachen-Hahn 1993

Thomann Chr./Schulz von Thun F., Klärungshilfe. Handbuch für Therapeuten, Gesprächshelfer und Moderatoren in schwierigen Gesprächen, Reinbek 1990

Rebel W., Klassenmoderation bei Konflikten auf der Grundlage der Themenzentrierten Interaktion, Landesinstitut für Schule und Weiterbildung, Information zur Schulberatung Heft 13, Soest 1994

Wahl D. u. a., Psychologie für die Schulpraxis, München 1984

Psychoanalytische Pädagogik

Bittner G., Problemkinder. Zur Psychoanalyse kindlicher und jugendlicher Verhaltensauffälligkeiten, Göttingen 1994

Blanck G. u. R., Ich-Psychologie II. Psychoanalytische Entwicklungspsychologie, Stuttgart 1980

Brenner Ch., Grundzüge der Psychoanalyse, Frankfurt 1984

Büttner Ch., Wut im Bauch. Gewalt im Alltag von Kindern und Jugendlichen, Weinheim 1993

Büttner Ch./U. Finger-Trescher, Psychoanalyse und schulische Konflikte, Mainz 1991

Dührssen A., Psychogene Erkrankungen bei Kindern und Jugendlichen, Göttingen 1988

Erikson E. H., Identität und Lebenszyklus, Frankfurt 1989

Ermann M. (Hg.), Die hilfreiche Beziehung in der Psychoanalyse, Göttingen 1993

Finger-Trescher U. /. Trescher H.-G, Aggression und Wachstum. Konzepte und Erfahrungen aus der Arbeit mit Kindern, Jugendlichen und jungen Erwachsenen, Mainz 1992

Flammer A., Entwicklungstheorien. Psychologische Theorien der menschlichen Entwicklung, Göttingen 1988.

Haußer K., Identitätsentwicklung New York 1983

Heinemann E. / Rauchfleisch U. / Grüttner T., Gewalttätige Kinder. Psychoanalyse und Pädagogik in Schule, Heim und Therapie, Frankfurt 1992

Hirblinger H., Pubertät und Schülerrevolte, Mainz 1992

Jongbloed-Schurig, U., Analytische Arbeit mit Adoleszenten – Fragen zu Technik, Setting und Frequenz, in: AKJP, Heft 94, 28. Jg., 2/1997

Kast V., Imagination als Raum der Freiheit. Dialog zwischen Ich und Unbewußtem, Olten 1987

Kegan R., Die Entwicklungsstufen des Selbst. Fortschritte und Krisen im menschlichen Leben, München [3]1994

König K., Kleine psychoanalytische Charakterkunde, Göttingen [4]1997

Klosinski G. (Hg.), Psychotherapeutische Zugänge zum Kind und zum Jugendlichen, Bern 1988

Kohut H., Die Heilung des Selbst, Frankfurt 1993

Macha H., Theorie des Ich, Bad Heilbrunn 1989

Mahler M.S. u. a., Die psychische Geburt des Menschen. Symbiose und Individuation, Frankfurt 1985

Mertens W., Entwicklung der Psychosexualität und der Geschlechtsidentität, Bd. 1 und 2, Stuttgart [2]1994

Muck M. / Trescher H. G., Grundlagen der Psychoanalytischen Pädagogik, Mainz 1994

Riemann F., Grundformen der Angst. Eine tiefenpsychologische Studie, München 1992

Richter H.E., Eltern, Kind und Neurose, Stuttgart 1978

Sanders H. (Hg.), Das gestörte Selbst. Kinder- und Jugendlichenpsychotherapeuten über die Schulter geschaut, Fellbach 1982

Singer K., Lehrer-Schüler-Konflikte gewaltfrei regeln, Weinheim [5]1996

Erziehung

Affemann R., Psychische Probleme des Jugendlichen in der Sekundarstufe I, in: Marchtaler Pädagogische Beiträge 2/19979

Affemann R., Schule – Reparaturbetrieb der Gesellschaft? in: Schule im Blickpunkt, Heft 6, 4/1989

Axmann K.-P., Würdigung der Gefühle als erster Schritt zur Problembewältigung bei Schülern mit Verhaltensschwierigkeiten, in: Lehren und Lernen 1/1991

Bauer H., Was schulden wir unserer Jugend an Erziehung und Bildung – Mehr? Weniger? Anders?, in: Lehren und Lernen 6/1989

Bleistein R., Ethische Erziehung heute, in: Stimmen der Zeit 11/1989

Bönsch M., Erziehung = Beziehungsarbeit? Der Erziehungsbegriff im Spiegel einer veränderten Lebenswelt, in: Praxis Schule 5-10, 3/1992

Brezinka W., Wertwandel und der Erziehungsauftrag der Schule, in: Schule im Blickpunkt 8/1986

Günzler C., Erziehung in der destabilisierten Übergangsgesellschaft, in: Lehren und Lernen 2/1989

Hepp G., Erziehung im Spannungsfeld von Familie und Schule, in: Lehren und Lernen 1/1990

Kerstiens L., Ganzheitliche Erziehung unter besonderer Berücksichtigung der Ziele emotionaler Erziehung, in: Lehren und Lernen 8/1990

Kuld L., Die Suche nach eigenem Leben. Wertorientierungen Jugendlicher und der Anspruch der Tora, in: ru Ökumenische Zeitschrift für den RU 2/1997 S. 49-54

Kuld L./Schmid B., „Freunde verpetzt man nicht". Ein Forschungsprojekt zur Entwicklung moralischer Urteilsfähigkeit im RU der Sekundarstufe I, in: ru 2/1997 S. 54-56

Linder F., Rücksichtslosigkeiten im Schulalltag und wie man damit umgehen kann, in: Lehren und Lernen 1/1984

Mauermann L., „auch Herz und Charakter bilden", Probleme mit dem schulischen Erziehungsauftrag aus praktischer Sicht, in: Lehren und Lernen 6/1987

Petermann F. u. U., Training mit aggressiven Kindern, München 1988

Petermann F. u. U., Training mit sozial unsicheren Kindern, München 1989

Sandfuchs U., Fördern als Prinzip und Praxis der Schularbeit, in: Praxis Schule 5-10 5/1994

Schlottke, Handlungsunterbrechungsstrategie (HUS), in: Lehren und Lernen 12/1984

Schmid B., Die Chance ethischer Sensibilisierung in der religiösen Erziehung, in: ru Ökumenische Zeitschrift für den Religionsunterricht 4/1995

Walter H., Angst bei Schülern, München 1981

Winkel R., Pädagogische Psychiatrie für Eltern, Lehrer und Erzieher, Hohengehren 1995

Bibliodrama

Heidenreich H., Bibliodrama im Boom. Ein Überblick, in: KatBl 119 (1994) 7-8 513-522

Höfer A., Gottes Wege mit den Menschen, München 1993

Höfer A., Ins Leben kommen, München 1995

Kollmann R., Bibliodrama. Drei Grundformen am Beispiel der Maria-Martha-Perikope, in: KatBl 119 (1994) 7-8 509-513

Kollmann R., Bibliodrama in Praxis und Theorie, in: Der evangelische Erzieher 48 (1996) 3 20-41

Michaelis H., Bibliodrama – Spiele zu biblischen Texten und Themen, in: KatBl 111 (1986) 8 643-647

Pauler N., Bibliodrama. Glauben erfahren mit Hand, Kopf und Herz, Stuttgart 1996

Pantel A., „Machen'se alles Mögliche, aber bloß nicht Bibel". Ein Bericht über Unterrichtsversuche mit bibliodramatischen Elementen, in: KatBl 111 (1986) 8 648-652

Piber G., Evangelium als Lernprozeß. Bibliodramapraxis am Beispiel vom „barmherzigenVater", in: KatBl 119 (1994) 7-8 498-508

Phantasiereise/Imagination

Ehrlich,Miriam / Vopel, Klaus W., Wege des Staunens, Bd. 1-4, Hamburg 1987
Kast V., Imagination als Raum der Freiheit. Dialog zwischen Ich und Unbewußtem, Walter Verlag, Olten 1988
Krombusch G., Mit Kindern auf dem Weg in die Stille, Drensteinfurt ²1992
Manteufel, Seeger, Selbsterfahrungsübungen mit Kindern und Jugendlichen, München 1992
Maschwitz G., Stille-Übungen mit Kindern, Ein Praxisbuch, München 1993
Müller A., Imaginationsübung – Phantasieübung – Phantasiereise, in: Kontakt. Mitteilungen für Religionslehrer im Bistum Augsburg, Hg. Vom Schulreferat des Bischöflichen Ordinariats Augsburg, 1/1994
Müller, E., Träumen auf der Mondschaukel, München 1993
Müller, D., Phantasiereisen im Unterricht, Braunschweig 1994
Teml, Hubert, Entspannt lernen, Linz, ⁴1993
Nößler B., Phantasiereise mit Schülerinnen und Schülern, in: KatBl 8-9/1993
Rendle L. u. a., Ganzheitliche Methoden im Religionsunterricht, München 1996

Bilddidaktik-Bilderleben-Kreatives Malen

<u>Umgang mit Bildern im Religionsunterricht</u>
Anderl A., Aspekte der Bildbetrachtung, in: KatBl 3/1985
Barth W., Grundlagen der Kunstbetrachtung. Einführung in die Wahrnehmungstheorie und in die Didaktik der Wahrnehmungsübung, in: Lehren und Lernen Heft 3 1995
Biesinger A./Braun G., Gott in Farben sehen. Die symbolische und religiöse Bedeutung der Farben, München 1995
Dohmen Ch./Englert R./Sternberg Th., In der Bilderflut ertrinken?, in: KatBl 1/1988
Fendrich H., Wozu sind Bilder gut?, in: KatBl 116 (1991) S. 123-131
Goecke-Seischab M. L., In Farben und Formen. Biblische Texte gestalten, München 1993
Goecke-Seischab M. L., Von Klee bis Chagall. Kreativ arbeiten mit zeitgenössischen Graphiken zur Bibel, München 1994
Goecke-Seischab M. L., Bilder zu neutestamentlichen Geschichten im Religionsunterricht, Lahr 1994
Höfer A., Gottes Wege mit den Menschen. Ein gestaltpädagogisches Bibelwerkbuch, München 1993 (Das Bild in gestaltpäd. Bibelarbeit S. 22 ff)
Höfer A., Ins Leben kommen. Ein gestaltpädagogisches Bibelwerkbuch, München 1995 (Verschiedene identitätsbegleitende Vorschläge zum Zeichnen/Malen)
Lang H./Hülz M., Von Gott in Bildern sprechen?, in: KatBl 1/1988
Lange G., Zum religionspäd. Umgang mit modernen Kunstwerken, in: KatBl 116 (1991) S. 90-95
Niehl F. W., Damit uns die Augen aufgehen. Über den Umgang mit Bildern im RU. Materialbrief RU 1/1994, DKV München
Oberthür R., Malen im RU, Essen 1993
Rombold G., Leben mit Kunst, in: KatBl 3/1985

Psychologie der Kinderzeichnung

Pädagogische, entwicklungspsychologische, psychotherapeutische Überlegungen

Baumgardt U., Kinderzeichnungen – Maltherapie: Schlüssel zum Verständnis seelischer Prozesse, in: Klosinski a. a. O.

Baumgardt U., Kinderzeichnungen – Spiegel der Seele. Kinder zeichnen Konflikte ihrer Familie, Zürich 1990

Fleck-Bangert R., Kinder setzen Zeichen. Kinderbilder sehen und verstehen, München 1994

Gmelin O. F., Mama ist ein Elefant. Die Symbolwelt der Kinderzeichnungen, Stuttgart 1978

Glettler M., Ein Schulkonflikt und seine gestaltpädagogische Aufarbeitung, in: KatBl 112 (1987) 124-129

Klessmann E., Katathymes Bilderleben als Möglichkeit, die Vorstellungswelt der Magersüchtigen besser zu verstehen, in: Klosinski G., Psychotherapeutische Zugänge zum Kind und zum Jugendlichen, Stuttgart 1989

Kläger M., Gestalten aus dem Unbewußten, in: KatBl 7-8/1989

Leuner H., u. a., Katathymes Bilderleben mit Kindern und Jugendlichen, München 1997

Riedel J., Bilder in Therapie, Kunst und Religion, Stuttgart 1991

Richter H.-G., Die Kinderzeichnung. Entwicklung, Interpretation, Ästhetik, Düsseldorf 1987

Schuster M., Die Psychologie der Kinderzeichnung, Berlin 1993

Schottenloher G. (Hg.), Wenn Worte fehlen, sprechen Bilder. Bildnerisches Gestalten und Therapie, München 1994

Thierer E., Stille – Übungen und Bild-Erleben, Weinheim 1996 (Katathymes Bilderleben)

Kreatives Malen

Henschele J., Freies Malen im RU. Bildnerisches Gestalten im RU am Beispiel der UE Hiob Kl. 9/10, in: entwurf 1/1995

Knecht M., Kreatives Malen im RU als Erfahrung, in: KatBl 1/1988

Martini G., Malen als Erfahrung. Kreative Prozesse in RU, Gruppenarbeit und Freizeiten, München 1977

Moll P./Lieberherr H., Unterrichten mit offenen Karten. 2 Fortschreiten, Zürich 1992 (Malen von innen heraus S. 130)

Stichwortverzeichnis

Die Ziffer vor dem Schrägstrich bezeichnet das Kapitel, die Ziffer(n) nach dem Schrägstrich die Seite(n).